U0501054

如何陪孩子
终身成长

[日] **高滨正伸** 著

曹逸冰 译

北京联合出版公司
Beijing United Publishing Co.,Ltd.

只 为 优 质 阅 读

好
读
Goodreads

文库版序言

　　我创办的补习班"花丸学习会"已经走过了四分之一个世纪。

　　许多成家立业的人看起来过得顺风顺水，却无法和唯一的伴侣建立良好的信任关系。

　　长久以来，我秉持上述理念，在以下三个方面潜心耕耘。

　　第一是"思维能力"。我将思维能力的核心定义为"悟性"（包括看清无形的本质、揣摩他人的感受、发现创意与辅助线的能力）和"韧性"（包括运用逻辑、总结、坚持到底的能力），并以此为基础开发了一套名为《谜题集（**なぞペー**）》的教材。教材已正式出版上市，还衍生出了一款名为

"Think！ Think！"的 App。顺便一提，这款 App 在 2017 年的 Google Play Award（谷歌游戏奖）评选中入选了"全球五佳儿童应用程序"。

　　第二是"户外体验"。"本公园禁止球类运动""禁止下河游泳"……挂这样的警示牌已经成了学校和地方政府的常规工作。可是，这样真的好吗？照理说，成年人就该负起责任，让孩子们在山川、森林和草原自由嬉戏。早在花丸学习会成立之初，夏令营便是我们的固定节目，起初每期只有二十余人参加。如今，学习会的老师们每年都要带领一万多名学生前往国内外各地进行户外体验。

　　第三是"改变父母"。哪怕孩子上了最好的补习班，要是家长成天烦躁焦虑，孩子的进步速度也会大打折扣。

　　例如，许多家长都有这样的烦恼："我也知道自己做得不对，可总是忍不住对老大特别严厉……"为了深入了解家长们的心思，我进行了大量的访谈，并结合日常工作中的观察，举办了"只有家长才能做到的事"系列讲座，介绍相关事例。我希望来听讲座的家长们可以会心一笑，或是哭一场发泄发泄，在平时的生活中笑口常开。

多亏大家的支持，系列讲座一办就是二十多年，来自全国各地的邀请络绎不绝。2012 年，我推出了这本总结了讲座精华的书。读者的反响非常热烈，大家纷纷表示："这本书值得一看！""帮我解决了好多难题！"此次出版社推出了更为便携的文库本，我也由衷希望它可以帮助到更多为教育子女而烦恼的家长。

如果这本书能为奋斗在教育一线的爸爸妈妈尽绵薄之力，那就再好不过了。

花丸学习会代表　高滨正伸

序言
"终身成长的孩子"都有同款家长！

"天天向上的孩子"和"原地踏步的孩子"差别在哪里？

有些孩子小时候成绩还不错，升上小学高年级或初中以后却开始原地踏步。

有些孩子小时候看起来呆头呆脑的，后来却进步神速。

"天天向上的孩子"和"原地踏步的孩子"究竟差别在哪里？

早在学生时代，我便在补习班指导过众多考生，有近三十年的从业经验。在我看来，成绩提升缓慢、学习方面受挫等各种问题存在的原因往往出在幼儿期与学童期的"家庭环境"上，"母亲"的作用尤其关键。

"都怪我没把孩子教好，所以孩子的成绩才上不去……"看到这里，有些母亲也许会产生这样的误会，自责不已。

不，我想通过这本书告诉大家并不是这么回事。

我一贯认为，我们的孩子只要有母亲的呵护就能茁壮成长，为心爱的母亲竭尽全力是孩子的天性。

孩子们愿意排除万难，只为看到母亲的笑容。可要是母亲成天摆出一副焦躁的表情，孩子便会觉得"妈妈不认可我"，顿时干劲全无。

母亲的一个眼神，能对孩子的"动力"产生决定性的影响。

在孩子的心目中，母亲的地位就是如此重要。

希望各位母亲在自责之前回想一下，自己是不是有很多压力与不满没有发泄出来，过得幸不幸福、快不快乐。这才是重中之重。

一流人士背后都有一位笑口常开的母亲

多亏大家的支持，近来我结识了许多社会各界的一流人士。

询问他们的成长经历时，我注意到了一件事：母亲在他们心目中留下了非常美好的印象。

酒桌上的闲聊总是比较随意的，动不动就开两句玩笑。可我一旦问起"令堂是个什么样的人"，大家的语气就会变得格外投入。每个人听到这个问题都是两眼放光，然后感慨万千地告诉我："妈妈特别疼我。"

一看就知道，母亲在他们心中占据了多大的位置。

全神贯注地搭积木时，忽然抬头，看见母亲正温柔地注视着自己，仿佛在说"你真可爱"。哪怕不开口说出来，慈爱的目光也能将柔情铭刻于孩子心中……

在工作和学习中表现出色的人，都对母亲留下了美好的印象——有一项研究证实了我的假设。

某位东京大学的老师采访了数名本校的学生，以了解他们的家庭环境。结果显示，每位受访学生都勾选的项目有两个：

"家长从来不说'快去学习'"；

"母亲总是面带微笑"。

简而言之，他们在小时候积累了许多"成功体验"。

再小的成功也是有价值的。

孩子帮你叠了衣服，你就夸一句："哇，谢谢你，真乖！"

孩子跟你报喜，说"老师今天表扬我了！"，你就回一句："哇，真棒！"——就这么简单。

母亲惊喜的表情，就是孩子们的期盼。他们所渴望的，正是母亲温柔的目光。

而母亲的鼓励，就是孩子自信的根源。只要能给孩子留下"母亲笑口常开"的印象，他们长大成人之后定能发挥出自己的全部实力。

那么在孩子的成长过程中，父亲又该扮演怎样的角色呢？在我看来，父亲的职责就是全力支持母亲。

把孩子培养成"有生存能力的人"，而不是"只会死读书的人"。

在大多数人心里，"学习能力强"的孩子就是"成绩好"的孩子。

问题是，一个孩子只要成绩好，能在考试中脱颖而出，考上一所好大学，就能顺风顺水过一辈子了吗？

明明有一流大学的文凭，踏上社会之后却表现平平。进了一流公司，却无法适应职场的人际关系，沦为"家里蹲"……我们周围有的是这样的例子。

"真正的学习能力"讲究的不是死记硬背，也不是对知识点的理解程度，更无法用考试成绩来衡量。

在我看来，"学习能力"是一种综合性的能力，考验的是一个人能否充分运用学过的知识和技能自主解决问题，开辟新的道路。

换个通俗一点的说法，就是"能养活自己的能力"。

"培养拥有生存能力的人"

——其实，这正是我在 1993 年创立花丸学习会时提出的教育方针。

在创办花丸学习会之前，我在预科学校指导过许多即将高考的学生。当时我就发现，很多学生并不具备"生存能力"。

老师让他们干什么，他们就乖乖照办，可是表情缺乏活力，浑身上下不见一丝锐气。求知欲就更不用说了，在生活的方方面面都缺乏动力。我可以把应考技巧传授给他们，帮助他们考上大学，但我不认为这样的学生走上社会之后有足够的能力养活自己。

踏上社会之后的人生充满大风大浪。上学的时候，身边总有家人保驾护航，还有志同道合的朋友结伴同行。然而走出校园之后，你也许要面对烦人的上司和古怪的下属。"怎么会有人投诉这种事情啊！"——这样的郁闷可谓家常便饭。

然而，许多年轻人一碰壁就灰心丧气，一蹶不振。

"××跟我合不来""我很受伤"

他们总把这些话挂在嘴边，怪社会不迁就自己。

社会上有很多跟你合不来的人。所以我们必须用心培养能够克服障碍勇往直前的人。

那么，抗打击能力差的年轻人又是如何出现的呢？

我意识到，问题的根源在于童年时期的教育，特别是小学低年级阶段的教育，因为这一时期对人格基础的形成至关重要。

例如，在"杜绝校园欺凌"的大旗之下，杀菌除草型教育大行其道，大人总是想方设法预防孩子们争吵打架——

问题是，这样的教育是与现实世界脱节的。无论古今，凡是有人的地方，就会有友谊和欺凌。我们应该告诉孩子，虽然欺凌是不可避免的，但我们可以勇敢地克服它，昂首挺胸地活下去，而不是一门心思琢磨"如何防止欺凌的发生"。

为了生存，我们有时也需要调整自己，顺应强者。只会说冠冕堂皇的漂亮话是不行的。

请容我再强调一遍：哪怕孩子的成绩非常拔尖，考上了一流大学，要是他没有足够的沟通能力与适应能力，就没法养活自己。因为后者才是真正的"学习能力"。

这种能力形成于儿童时期，尤其是小学三年级之前。而在这个过程中，家长的作用尤其关键。

要想把孩子培养成"具备生存能力"的人，家长的助力不可或缺。

本书将从各个角度分析"家长的角色"和"家长应做的事"。

为何举办面向母亲的讲座

.

我每年要举办百余场面向母亲的讲座，基本上每三天就有一场。

经常有人问我："您开的明明是辅导班，为什么要给母亲们做讲座呢？"

因为我意识到，"孩子的问题与情绪不稳定的母亲"密不可分。

20 世纪后，日本的家庭规模逐渐变小，家庭的形式发生了天翻地覆的变化。为了赚钱养家，爸爸们回家的时间越来越晚。再也没有热心肠的街坊阿姨把孩子抱在怀里，安慰一句："这点小事算得了什么呀！"许多母亲在生儿育女之前几乎没有和孩子打过交道……

"母亲"是一份很难得到正面评价的工作。无论是在学生时代，还是在踏上社会之后，女性朋友都能在每天的人际交往中得到积极正面的反馈，可是一旦成为"××的妈妈"，这种反馈便会骤然消失。

与"孩子"这种生物二十四小时面对面……孤军奋战的每一天堪比地狱。即便如此，孩子终究是母亲的心头肉。再苦再累，母亲们也会尽其所能。

　　然而，再坚强的母亲也想找个依靠，也想得到他人的认可与支持。我们必须在这个充满压力和挫败感的"家庭胶囊"上砸开一个洞。在日常工作中，我痛感母亲更需要走出去，更需要敞开心扉。举办讲座的目的就在于此。

　　要想稳定母亲的心绪，父亲也必须做出改变。方法很简单：包容妻子的感受，多倾听。我希望父亲们也能摆正心态，所以也举办了一些面向父亲的讲座。这一切都是为了将孩子们培养成独立自主、富有魅力的人。

目 录

CONTENTS

第二章

如何培养孩子的自律能力 / 049

第三章
如何培养孩子的社会生存能力 / 085

第一章

如何培养孩子的
学习能力

蝌蚪期的教育非常关键

本章的重点是"如何培养真正的学习能力"。不过在进入正题之前，我必须强调一点：我们的终极目标是把孩子培养成一个在踏上社会之后热爱工作和生活，具备生存能力的人。

有些家长一心为孩子着想，却无意间搞错了努力的目标。

做家长的难免会过度关注孩子能不能进好初中、好高中或好大学，能不能为了考所好学校而发奋学习。但是请大家牢记，我们要培养的终究是"独立自主的人"。

在每场讲座中，我都会告诉台下的听众，每个孩子的童年有两个重要的阶段。

首先是"蝌蚪期"（4~9岁）。小学三年级之前的这个阶段对孩子的成长至关重要。10岁前后是过渡期，之后就是所谓的青春期，我称之为"青蛙期"（11~18岁）。

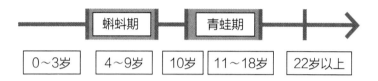

蝌蚪期的问题往往可以通过"调整家长的意识"圆满解决。

但孩子要是在"青蛙期"出了问题，家长们就得做好"啃硬骨头"的思想准备了。根据我多年的经验，一旦孩子在这一时期拒绝上学一两个星期，让他们回归校园的难度就会变得非常大。当然，硬骨头虽然难啃，但也不是完全没有办法。

"青春期的孩子不愿上学"并非本书的主题，我就不深入展开了。总之请大家牢记，蝌蚪期的教育非常关键。

换句话说，只要孩子能在蝌蚪期茁壮成长，哪怕他在青蛙期遇到了小小的风浪，也一定能化险为夷，勇往直前。

如何培养孩子的专注力

坐不住、吵闹不止、屡教不改——这恐怕是低年级学生（尤其是男生）的通病。

"我到底该拿他怎么办？"我特别理解家长的苦恼，但孩子坐不住是理所当然的，因为他们还是"小蝌蚪"呀。

"要妈妈说多少次你才懂啊？"

"你就不能消停一会儿？"

——各位家长，对孩子大喊大叫是没有用的。这无异于对一只在水中悠游的小蝌蚪嚷嚷："你为什么要游泳啊？"

不过这个时期的孩子一旦投入自己喜欢的事物，就会表现出极高的专注力。

幼儿期是培养"专注力"的绝佳机会，一旦错过，就很难再培养起来了。那么，专注力要如何培养呢？

答案很简单。唯一的方法，就是放手让孩子做他热衷的事情——让他玩个尽兴。

当然，我所说的"玩"指的是孩子们能主动投入的、充满活力的游戏，电子游戏是绝对不行的，最理想的是去户外玩耍。

在大自然中尽情奔跑，切身感受对自然的敬畏，稍微有点小磕小碰也无妨。建设秘密基地、抓虫、捉迷藏……玩什么都行。当然，在室内做游戏也有一定的效果。

曾经有一个孩子向我展示了他的宝贝罐子，里面装满了橡皮屑。我们班上还出过铁道发烧友，把列车符号背得滚瓜烂熟。

做家长的难免会觉得"孩子净把时间浪费在这些没用的事情上"。但是对孩子们来说，这才是无比宝贵的人生体验。

每每见到这样的孩子，我都会由衷地感到欣慰，因为他们就是一只只尽情享受蝌蚪期的小蝌蚪。

请各位家长千万不要把小蝌蚪们赶上岸。经验告诉我，在人生的这一阶段尽情玩耍过的孩子，长大以后往往能养成"坚持到底"的宝贵品质。

让孩子拥有试错的机会

"我明白了！"——我希望孩子们都能体验到这种恍然大悟的快感。

如果一个孩子看到问题的第一反应是问"答案是什么"，那他就很难取得进步。

有些孩子会在看到题目之后稍微想一想，然后缓缓抬头问道：

"这题是做加法还是减法？"

这是"放弃思考"的典型症状。

如果孩子品尝过自己找出答案的快感，就不会开口问大人，走捷径偷懒。

让孩子反复试错，自己动手尝试。在这个过程中，灯泡突然点亮。"啊，我明白了！"——希望各位家长让孩子多多体验这种感觉。

只要在蝌蚪期尝到"恍然大悟"的甜头，孩子就不会投机取巧了。

他们会在大人准备报出答案的时候大喊一声："等等！先别说！"那口气仿佛在说"别扫我的兴"。不是自己找出答案就不过瘾——一旦孩子产生这样的意识，成功便指日可待了。

参加初中、高中或大学的入学考试时，难免会遇到解不开的难题。在生死一线的最后关头，唯有这股"我非得自己做出来不可"的执念与韧劲才能帮助孩子冲破难关。

而这股执念与韧劲，和幼儿期感受过的"恍然大悟"密不可分。

这种品质不仅有益于提高成绩。当孩子们有朝一日想要实现自己的梦想时，恍然大悟的体验也会转化成强韧的"意志力"，推动他们坚持到底。

我坚信，只要孩子品尝过坚持到底的快感，就不会畏惧人生路上的小风小浪。

希望有越来越多的孩子拥有坚韧的心智，品尝到畅快的成就感。我也在为此不懈努力。

简单的夸奖让孩子心花怒放

正如我在序言中提到的那样，从小积累成功经验的孩子定能在踏上社会之后展现出坚忍不拔的品质。凡事都是从小小的成功开始的。

再小的成功，家长也要不吝表扬。

假设你的孩子在学游泳。回家后，他告诉你："我今天从初级班升到中级班啦！"你肯定会说："哇！太棒了！"这一句简简单单的夸奖，就能让孩子心花怒放。

"小时候有没有过受异性欢迎的经历"也很重要。

记得有一年带队去夏令营的时候，班上的一个女孩伤到了手臂，所以没法下河玩水，只能在河边捡石头玩。谁知走着走着，一块心爱的石头掉进了湍急的河水中，急得她都快掉眼泪了。就在这时，一个一年级模样的男孩碰巧路过，开口问道："你怎么啦？"

女孩回答："我丢了一块粉红色的石头。"男孩立刻表示："别担心，我帮你找！"

男孩在河里翻来找去，终于找到了那块粉红色的石头。"给！"——只见他把石头递给女孩，潇洒地走了。

这简直是教科书般的"Boy Meets Girl"，初恋的英雄粉墨登场！那个男孩肯定也在为自己暗暗叫好呢。

受异性欢迎、帮到了别人、得到了异性的夸奖，对孩子来说，这都是宝贵的经验。

不走出家门，不和小伙伴互动，就不可能经历这些。不放孩子出门，就不会发生人际关系层面的化学反应。各位家长不妨从每天的小事做起，夸奖孩子做得好的每一个地方。

礼貌地跟人打了招呼、帮家长做了家务、不挑食……

在完成日常生活中的小目标时得到表扬，可以帮孩子树立自信。

而这些小小的成就感将转化为巨大的力量，推动孩子主动设定更大的课题，为实现目标不懈努力。

让孩子通过玩耍建立自信

　　许多家长把"快去学习"挂在嘴边，殊不知童年出门玩耍的经历不仅与学习能力密切相关，更与孩子长大成人后的素质密不可分。

　　户外游戏有助于培养孩子全方位的生存能力。首先是体力，这个很好理解。一个孩子天天窝在家里打游戏，另一个孩子天天在外头跑来跑去，谁的体力更好显而易见。还有沟通技巧，交朋友的能力，遵守规则的态度，开动脑筋构思玩法的灵活性，耐心、同理心、创造力和专注力……这些能力涉及了知识、情感、意志和身体的方方面面。

　　例如，玩捉迷藏有助于培养空间认知能力（"小×肯定在那棵树后面"）。其实出门玩耍正是培养空间认知能力的捷径。跑跑跳跳、爬上爬下、踢踢球……户外游戏充满了把握空间的机会。把树想象成门柱，有助于发展想象力。有新的小伙伴加入时，则需要发挥创意，灵活改变规则和玩法，判断力也能得到锻炼。从更宏观的角度看，出门玩耍能让孩子体验到"人生充满乐趣"的感觉。觉得人生有意思、有劲头，才能全情投入工作。而这种感觉只可能来源于玩耍。

关键在于玩得开心、玩得尽兴，以至于早上醒来冒出的第一个念头就是"今天玩点什么好呢"。要达到这种效果，玩耍的质量也不容忽视。

空旷的原野与河滩才是真正的游乐场。主题公园确实好玩，但这种玩法非常被动。放弃"自己做决定"的乐趣未免可惜。"不同年级的孩子一起在户外玩耍"是最理想的情况。最小的才上幼儿园大班，最大的上六年级，年龄各异的孩子在一起玩，就能掌握一定的社交技能。大一点的孩子会考虑到大班的小朋友，设计一些大家可以一起玩的游戏，合理调整规则。

"和大家一起玩就是开心！虽然有时候也会吵架，但很快就能和好。学习也一样，只要有心就能学好的！"——希望各位家长能帮助孩子树立起这种自信。这种自信只能通过"玩耍的经历"来建立。小时候玩得尽兴的孩子，长大之后便会成为精力充沛、魅力十足的大人，受到异性的欢迎。

请大家一定要让孩子多多体验这种"很开心！"的感觉。

让孩子掌握一项运动技能

　　如果玩得不够多、不擅长玩耍的孩子是那种"妈妈眼里的乖宝宝"，那就很容易出问题。尤其是那种对母亲唯命是从的孩子，需要格外注意。

　　这种孩子做的事并不是自己选的、自己真正想做的事，所以他们其实也不爱学习，只是觉得"我这样做妈妈就高兴了"，最危险的模式莫过于此。孩子老实听话的时候还看不出问题，然而在这种模式下，孩子不仅会对学习产生厌恶情绪，还会被彻底毁掉。

　　有些孩子则是生来不喜欢在外面玩，不擅长运动，喜欢看书画画，天天翻看图鉴绘本。

　　当然，这本身并不是一件坏事。如果他喜欢做这些事，注意力也很集中的话，家长大可帮孩子发展这方面的个性。做母亲的也要摆正心态，告诉自己"这就是他该走的路"。

但我还是劝各位家长，"最好让孩子掌握一项运动技能"。这是为什么呢？

因为擅长运动的孩子人缘好。这听起来似乎太直白了，但孩子的世界就是如此。擅长运动的孩子就是比别人酷，这是毋庸置疑的事实。

实在没有运动细胞的话，不妨学一种乐器。因为乐器是没有运动天赋的孩子也能大展拳脚的领域。等孩子上了高中，就算跑步有点慢，只要他会弹吉他，那也是班上的人气之星。

根据我的经验，大多数闭门不出的孩子都不太爱出去玩，运动量偏小。他们小时候都是"妈妈眼里的乖宝宝"，在人际关系方面也缺乏历练。

阅读确实重要，但我们无法通过书本学习有血有肉的人际关系。有"家里蹲"倾向的孩子通过足球和游泳华丽逆袭的例子比比皆是。

10岁之前培养孩子的悟性

工作能力强的人和无法胜任工作的人究竟差别在哪里?

人们常说,后者"悟性差"。工作表现好的人,必然是悟性好的人。悟性差,说白了就是"无法感知肉眼看不到的东西"。社会真正需要的人才不仅能按要求完成任务,还能意识到"仅仅听命行事是不够的"。

做几何题的时候,也很考验这种感知无形之物的能力。

在原图的基础上添加的线条被称为"辅助线"。悟性好的孩子能自然而然"看"出辅助线的位置。能否画出辅助线是关乎考生命运的大问题。中考、高考乃至公务员考试都会出几何题,这正是因为学校与机构希望招收那些有创造力、不受传统观念束缚、看得到无形之物的人。

多年的从业经验告诉我，要想培养"看"出辅助线等无形之物的能力，10岁之前的这段时间至关重要。当然，如果只想应付考试的话，也可以用笨办法，记住辅助线的几种模式就是了。但这种方法只能帮孩子通过考试，却无法掌握看清无形之物的悟性。要知道，这种力量会在孩子踏上社会之后发挥出巨大的作用。

培养悟性靠的不是题海战术。家长应该让孩子多多积累"以全身感悟的经验"。而经验积累得够不够，取决于孩子是不是经常在外头跑来跑去，玩得到不到位。

无论孩子的学习成绩有多好，只要人际交往能力这方面有所欠缺，就很难在社会上站稳脚跟。照理说，孩子必须在上低年级的时候掌握"与小伙伴和好如初"的能力与"克服痛苦和不愉快"的能力。

我由衷希望每一个孩子都能掌握"看清无形之物"的悟性。要想实现这一目标，就必须给孩子们出门玩耍的机会，让他们多多积累微小的成功体验，培养自信。

别让孩子养成抱怨的习惯

　　人生的常态就是时而阳光灿烂，时而阴雨绵绵。有很多事情是我们无法选择的，只能咬紧牙关接受。我们应该把孩子培养成一个不抱怨、不记恨的人。

　　还记得某次夏令营特别不凑巧，雨下了四天三夜，一刻都没停过。见孩子们闷闷不乐，我如此说道：

　　"下了整整四天的雨，有些同学可能会觉得很扫兴，但这也是宝贵的经历。

　　"最没出息的大人就喜欢抱怨，还总是眼红别人。遇到我们这种情况的时候，他们总会这么说：'唉，下雨了，真没劲！''真羡慕碰上晴天的人。'但我不希望大家变成这样的大人。因为天气是没法选的，想改也改不了。我们应该做的是'在现有的条件下做到最好，享受眼前的一切'。其实不光是天气，在其他方面也是一样的。

　　"在这次夏令营中，大家都在河边玩得很开心，不是吗？这是因为大家都有一颗懂得享受现状的心啊。希望大家长大以后，也能做一个享受当下、不畏逆境的人。"

　　听完这番话，孩子们的眼睛都亮了几分。我能感觉到，他们已经把我的话听进去了。

　　困难与不如意，才是最好的机会。

　　因为当孩子长大成人、踏上社会的时候，当他们遇到无可奈何的困境与不幸的时候，克服困难的能力至关重要。而这种能力只能通过克服各种小障碍来培养。

　　天气就是最简单的例子。既然条件是无法选择的，那就只能调整心态，享受现状了。

　　我们身边有很多大人喜欢"给失败找借口"。但各位家长肯定都想把孩子培养成下雨天也能乐在其中的人，不是吗？

　　无论事态如何，无论置身于何处，都能尽情享受，尽力而为。这种品质不仅有助于提高学习成绩，更是漫长人生的一大助力。

帮孩子掌握一项"绝活"

对孩子来说，有没有一项过人的"绝活"也是很重要的。"没人能在剑道上打败我！""最了解火车的就是我！""我画什么像什么！"……什么样的绝活都行。如果孩子有特别喜欢的东西，不妨鼓励他潜心钻研。

我曾亲眼见证"绝活诞生的瞬间"。

故事的主角小B是个热爱天文学的男孩子。他在学校一直很安静，不喜欢在外面玩耍，性格温和，只是偏柔弱了些。

那天，我带着一群孩子去户外体验。仰望美丽的星空时，一个孩子发现了一颗闪闪发光的星星，便对我喊道：

"老师，那颗星星叫什么呀？"

我一时间没想起来，就在这时，小B轻声说道：

"那是大角星（Arcturus），老师。"

话音刚落，在场的孩子们便低声欢呼起来。"哦哦——！"一听就知道，他们对小B佩服得五体投地。还有人喊道："哇哦！"

这样的好机会岂能错过。我立刻说道："哎，大家都听一听！小B认出了一颗高滨老师都不知道的星星，掌声鼓励！"雷鸣般的掌声顿时将他包围。

从那时起，"博士"成了小B的雅号。到了第二天早上，孩子们便开始抓着他问这问那了。"博士，这是什么？""博士，这颗星星叫什么？"熟悉天体是小B唯一的绝活，而他就靠着这项绝活树立了自信，连性格都有了变化。那次户外体验过后，他在学习方面也积极多了。

孩子一旦得到了小伙伴的夸赞，就能建立起自信。做家长的只要帮孩子掌握一项让小伙伴由衷夸赞的"绝活"就行了。站在父母的角度，你也许会觉得"有时间折腾这些，还不如多做几道习题"。但是能让小伙伴佩服的事情还是很值得钻研的，因为假以时日，它定会帮助孩子在社会生活中树立信心。

让孩子"学会倾听"

常有家长找我诉苦："我担心孩子的学习跟不上……"环顾四周，有些孩子刚上小学的时候就会做加减法，有些则会写复杂的汉字。跟别人家的孩子一比，不急都难。但我要劝大家一句，大可不必早早地为孩子的学业着急上火。

从幼儿园到小学低年级，各位家长只需要抓一件事，那就是让孩子"学会倾听"。要让孩子养成好习惯，当有人站在他们面前的时候，要看着人家，用心听对方说话，专注"对方想要表达的意思"。

我们花丸学习会也会在学生刚入会时反复强调倾听的重要性。老师开始说话了，学生就应该看着老师的眼睛，认真听讲，不能交头接耳，更不能做小动作。这是夯实学习基础的重要习惯。

在义务教育阶段，只要端正坐姿，认真听老师讲课，就不用担心课业跟不上。

超前学习、死记硬背并不是难事。但是在这一阶段，我们更应该培养正确的学习态度与倾听技巧，这样才能为日后的学习打下基础。下一步才是掌握学习方法。正所谓欲速则不达，其实这个时期的学习不需要过多的技巧。

特别是在小学阶段，只要孩子坐姿端正，用心听讲，一眨眼的工夫就能赶上。到了高年级，甚至能超过那些超前学习的同学。后劲足的孩子都有良好的倾听习惯。

小学不比幼儿园，家长不容易了解孩子在学校的表现。于是有些家长喜欢翻孩子的笔记本和考卷，使劲唠叨。一会儿说"字迹要工整！"，一会儿说"怎么才考这点分！"。

我将这种现象定义为"工整病"和"结果病"。这么做其实有百害而无一利。

我并不是说低年级的考试成绩就完全不重要了，但那确实不是什么要紧的问题。等孩子升入高年级，成绩自然会上去的。做家长的只需要找老师确认一件事就行——

"孩子有没有认真听讲？"

参观课堂的时候，也只需要关注这一点。

毅力才是决定成败的关键

在小学和初中阶段，只要认真听讲，就能取得一定的成绩。但是在高中阶段，毅力才是决定成败的关键。

好比数学。很多数学题难以找到突破口，即使找到了，也很难理清逻辑，证明到底。

"非把题做出来不可"的执着与毅力，只能通过亲身经历来培养。这是一种比先天智力更强大的力量。

通过长跑培养出来的毅力，能在学习层面转化成"坚持到底""绝不放弃"的信念。

难题当前，成绩再好的孩子也难免会打退堂鼓，这也是人之常情。能够克服难关坚持到底的孩子，往往是那些小时候尽情玩耍过的孩子。也许他们已经掌握了某种生存能力。

前些天，我碰巧和一位在名企负责人事培训和招聘的人聊了几句。他告诉我，现在各行各业的公司都希望应聘者具备"沟通能力"和"毅力"。这也许是因为有太多的年轻人经不起磕碰，一点小事便让他们丧失了信心，轻言放弃。

　　其实不一定要练长跑，只要孩子能找到一件让他们热衷的事情，就能收获"毅力"这份宝贵的财富。

　　希望各位家长能为孩子创造条件，让他们品尝到坚持到底的成就感。

通过练习汉字培养毅力

　　要想在走上社会之后闯出一片天地，顽强的毅力不可或缺。"练习汉字"能为毅力夯实基础。

　　汉字练习是孩子们在学习中遇到的第一道需要用毅力克服的关卡。

　　汉字不仅是语文的基础。要想正确理解各科考题的题干，也离不开以汉字为基础的阅读能力。

　　再说了，不具备足够的汉字知识，就无法站上学习的起跑线。我们甚至可以说，不会读写汉字的孩子在任何科目上都难以取得进步。

　　所以我总是反复叮嘱家长："汉字这方面一定要狠抓，无论孩子如何哭闹都不能放。"其他科目需要悉心培养孩子的积极性，唯独汉字要严格要求。只要打好基础，快乐和自信自然而然就来了。

指导孩子练习汉字时，家长不需要大吼大叫，但一定要亮出温柔却不失坚定的态度，明确告诉孩子"汉字是非练不可的"。

孩子起初也许会不听话，哭闹反抗，但万事开头难，家长们千万不能心软。

给孩子设定一个努力的目标是个不错的法子。

为孩子营造良好的口语环境

小学低年级之前是用耳朵吸收知识的时期。我们花丸学习会的老师也会带领学生朗读四字成语，把耳朵听到的发音复述出来，加强记忆。至于词语的含义和用法，到高年级再学就是了。

所以孩子上低年级的时候，家长们要在家中营造一个良好的口语环境。

多和孩子说话，确保孩子使用规范的用词（在孩子说错时及时纠正）。具体的我会在第三章深入展开。家长也要使用丰富多彩的词汇，为孩子树立榜样。

举个例子：如果家长说出一句"确实存在相似性"，孩子必然会问："什么是'相似性'？"这便是绝佳的机会。

当低年级的孩子通过耳朵学习单词，并询问"那是什么意思？"的时候，请大家尽可能详细地给出回答。如果上头还有哥哥姐姐，不妨故意跟他们用艰深晦涩一点的词语对话。

等孩子升入高年级，就该把他们托付给别人了，比如学校或补习班的老师。碰到不按时做功课、在家里邋邋遢遢这样的情况，就让老师帮着批评教育。如果老师还能传授正确的学习方法，那就更完美了。

从四年级开始，做笔记的重要性直线上升。不能做了笔记却不看，也不能放着没搞懂的知识点不管。所以机械性地照抄板书是行不通的。要仔细听讲，只在不明白的时候做笔记。做笔记的时候有没有"事后要回看"的意识也同样重要。

我们学习会还要求高年级的孩子记"词语笔记本"。碰到不懂的词语就写进去，念法和意思也要一并写上。如此一来，就能通过笔记进行记忆了。我至今仍有记录"词语笔记本"的习惯。

这个时期的孩子会逐渐产生"难题很有趣"的意识。家长不应过多干预学习方面的事情。孩子提问时当然是需要回答的，不过我强烈建议大家找一位值得信赖的老师，与老师通力合作，这样也有益于家长自身的身心健康。

相信孩子的能力

许多家长因为不了解孩子在学校的表现而焦虑不安，于是试图通过笔记和考卷获取信息。

也不知为什么，家长总是更关注孩子没做好的地方。一不留神，就开始挑毛病了。

"妈妈都跟你说了多少次了！为什么还会在这种地方出错？"

"这歪歪扭扭的字是怎么回事？就不能写工整一点吗？"

只看笔记和考卷做判断，难免会出现上述情况。

看到一张95分的考卷，家长往往不会夸一句"太棒啦"，而是会盯着孩子没有拿到的5分百般批评。

孩子听着家长没完没了的唠叨，心想："烦死人了！"久而久之，孩子就会养成把考卷藏起来的习惯，免得被家长看到。

造成这种情况往往是因为家长孤立无援，处于焦虑不安的状态，但当事人很难察觉到问题的所在。

如果孩子的考卷上有大叉，我们应该怎么做呢？

在三年级之前，处理起来非常简单。只需对孩子说"你再好好想想"，口头再问一遍。只要孩子能回答正确，解释清楚，那就没问题了。

有条件的话，不妨说一句："你本来可以拿满分的，不是吗？"再奖励孩子一朵大红花。换一种颜色的笔，就更容易看出这是来自家长的鼓励了。

简而言之，要用积极正面的印象为整件事画上句号，让孩子认定"我是会做的！"。不断重复这个过程即可。

以"最终拿到了满分"的思路，帮助孩子建立信心。家长们完全可以表现得淡定些，斩钉截铁地告诉孩子：

"你是个聪明的孩子，绝对没问题的！"

家长无条件的爱是孩子的心灵支柱

母爱是孩子的心灵支柱。这话听起来似乎理所当然。哪怕妈妈总是发火，心里还是爱着孩子的。我相信大多数家长都将孩子视若珍宝。不过，有一个陷阱需要大家格外小心——

我们学习会有一个六年级的男生小C。他的母亲流产过好几次，千辛万苦才生下了他，对他是爱到了极点。这位母亲当年只考上了第三志愿的大学，一直为此深感自卑，所以她对孩子的学习抓得很紧，只盼着孩子能有出息。

一天，这位母亲捧着一个纸箱来找我，里面都是装订成册的A4纸。她说："我想请高滨老师看看这些……"她边说边打开那些册子，原来上面画着折线图。

那竟是小C从上幼儿园至今的偏差值图表。小C也参加过幼升小择校考试，所以从孩子上大班开始，母亲就一直记录着他的成绩。

我吃了一惊。因为小C几乎每天都吃"便利店盒饭"当晚餐。

有时间和精力来绘制图表，却给孩子吃便利店的盒饭。大家不觉得这是本末倒置吗？问题不在于便利店的盒饭，而在于如何去"爱"一个孩子。

这个例子告诉我们，许多母亲的爱用错了地方。正因为母亲深爱着孩子，才把劲头用在了不该用的地方。

这种错误的"爱法"也会自然而然地向孩子传达这样的信息："只要我考出好成绩，妈妈就会很高兴……""妈妈只关心我的成绩……"

家长的无私付出，极有可能转化为无声的信息——"我爱成绩好的你"。换句话说，这是一种"有条件的爱"。

为成绩时喜时忧是人之常情，但孩子真正想要的是无条件的母爱。他们想要接收到这样的信息："只要你活着，妈妈就很开心。"

　　照理说，孩子只要活着就该给满分。请大家一定要用无条件的爱滋润孩子。

不要过度干涉青春期的孩子

和11～18岁的"小青蛙"打交道的时候，家长一定要及时调整观念。孩子不会永远停留在小蝌蚪的阶段。"孩子都蜕变成青蛙了，家长却还是老样子"的情况非常普遍。

孩子升入高年级后，家长的存在就会和"烦人"二字联系在一起。

"一边去！别跟我一起走！"——这种话也是从高年级开始说的。其实孩子仍然深爱着爸爸妈妈，只是想和大人稍稍拉开距离罢了。

还有些家长喜欢给孩子贴标签（"这孩子总是我推一把，他才动一下"），这种情况也很危险。请大家扪心自问，有没有对孩子说过不该说的话，或是伤人的话？

我们学习会收过一个四年级的男孩，特别缺乏自主性。一天临走时，他迟迟没有跟老师道别。见状，他的母亲立刻说道："快跟老师说再见啊！"

　　我心想，原来问题出在这儿啊！家长的本意是想提醒孩子，奈何越说越烦躁，最后就发展到了逼迫的地步，这种情况并不少见。长此以往，孩子将永远无法摆脱对家长的依赖。

　　尤其需要改变的是母亲。母亲往往有过度干预的倾向，这样会扼杀孩子的自主性。

　　常有高年级学生的母亲来找我咨询，问孩子有没有乖乖做作业，有没有把通知乖乖带回家。这往往是因为母亲过度干预，在亲子间形成了一种依赖关系。

　　如果家长没有及时注意到孩子已经蜕变成了青蛙，继续唠叨，孩子就会被压垮，甚至对学习产生厌恶情绪。

　　孩子们都是一天一个样，三天大变样。小蝌蚪总有一天会变成青蛙。当那一天来临时，记得告诉自己："哦，时候到了！"只要母亲提前做好思想准备，就能冷静应对孩子的变化了。

把女儿当成"人生的小学妹"

　　很多母亲在理性层面认识到了"孩子已进入青蛙期"，感性层面却没能及时调整过来。"他以前从不会这样顶嘴的！""怎么一点都不听话啊！"……她们烦恼不已，不知该如何跟孩子打交道才好。

　　但我要告诉大家，孩子顶嘴、不听话恰恰说明他们在苗壮成长。正因为之前的养育方法没错，孩子才能走到青蛙期的入口。

　　和女孩子打交道的难度尤其高。高年级的女孩与成年人相差无几。如果母亲没能及时调整心态，继续把女儿当小宝宝看，女儿就会激烈抵触。我们应该用对待成年人的方式和五年级以上的女孩打交道。因为她们已经把母亲看成一个

"女人"了，有时甚至会做出相当尖锐的批判。

那高年级女孩的母亲又该如何应对呢？很简单，把女儿当成"人生的小学妹"就行了。妈妈是老人，女儿是刚入职的新人，这样的关系刚刚好。

母亲们也可以利用这段时间给女儿一些恋爱、着装、择偶方面的建议。因为高年级的女孩已经非常现实了，对"应该和什么样的人组建家庭"这样的话题非常感兴趣。如果能在这一时期建立良好的关系，在接下来的日子也定能与女儿和谐相处。

而高年级的男孩会在这一时期逐渐远离母亲。站在母亲的角度看，儿子毕竟是异性，有时甚至猜不透他们的心思。到了这一阶段，母亲就不该多唠叨了，不妨把孩子交给家庭之外的老师（比如兴趣班、补习班的老师）。如果这位老师能明确告诉孩子什么是对、什么是错，那就再好不过了。

孩子永远是妈妈的心头肉，所以妈妈总觉得孩子还是当初的小宝宝。但是请大家一定要痛下决心，及时调整心态。

不过，"过分小心翼翼"也是不可取的。孩子犯错（生活态度不端正、不守承诺）的时候，必须严厉批评。

培养孩子的自愈力

孩子升入高年级（进入青蛙期）之后，家长要重点培养他的"自愈力"。

自愈力是克服困难的最大助力，在充满坎坷、挫折和失败的人生中至关重要。自愈力有两大支柱，分别是"自信"和"向往"。自信有两个方面，分别是绝对自信（"爸爸妈妈永远爱我"）和社会自信（"我在这方面不输给任何人"）。

我们学习会收过一个六年级的女孩。一天，她的母亲找到我说，眼看着孩子就要参加小升初择校考试了，却完全失去了学习的动力。

在我看来，"考前缺乏动力"恐怕不是学习本身的问题，病根也在更早的阶段。照理说，这样的孩子应该鼓起勇气"下车"，放弃择校考试。她肯定是气自己"无法达到母亲的期望"，为此心痛不已。

要是孩子没考上心仪的学校，做家长的一定要反复安慰："只要你活蹦乱跳的，爸爸妈妈就心满意足了！"

只要能感受到父母的爱，孩子就能走出阴霾。家长不必为孩子找借口，只需明确地告诉他："你已经尽力了，没关系的，以后的日子还长着呢。"

孩子的阅历毕竟还浅，他们往往会认定，只要输掉一场比赛，那就是满盘皆输。我见过许多因为家长总也走不出落榜的阴影，害得孩子一事无成的案例。

所以请各位家长务必沉得住气。你要告诉孩子，踏上社会、成家立业之后的日子才更重要。只要用亲情悉心浇灌，孩子就一定能重拾信心。

爱能创造奇迹

其实在择校考试的战场，母爱也能创造奇迹。

五年级的小E是个非常善良的好孩子，可惜他不擅长学习，成绩很差。他和母亲相依为命，照理说，儿子成绩不好，家长难免会烦躁沮丧，但小E的母亲还是对他疼爱有加。

事情发生在夏令营的返程路上。坐新干线的时候，小E和三个小伙伴（其中之一是一个铁道发烧友，也是五年级）一直守在列车长办公室，叽叽喳喳。聊着聊着，他们就跟列车长混熟了。临走时，列车长还送了他们新干线的纪念尺子，一人一把。孩子们高兴坏了，大喊大叫着来跟我报喜。

谁知列车到站后，四年级的小F嚷起来："我的尺子不见了！"他平时就丢三落四。小伙伴们帮他找了一圈，却还是没找到，急得小F号啕大哭。

就在这时，小E悄然闪到小F身后，神不知鬼不觉地打开他的背包，把自己的尺子塞了进去，还对另外两个小伙伴使了个眼色，仿佛在说："知道该怎么办了吧？"看到这一幕的小伙伴便说："你有没有认真翻过包啊，再找一遍看看？"打开包一看，尺子分明就在里头。小F自然欣喜若狂："啊！找到了！找到了！"

如果小E直说"把我的送给你"，肯定会伤到小F的自尊心。他就是如此善良，为了不伤害小伙伴，宁可牺牲自己的宝贝。这一幕令我感动不已。在之后的一个多月里，我几乎是逢人就要夸上一夸。

也不知是怎么了，升上六年级后，小E和母亲表示想挑战一下择校考试。我坦诚地告诉他们，按小E的成绩肯定是考不上的，但母子俩都是干劲十足。我转念一想，学习总归不是坏事，便决定让他考一考，试试看。

正是在这个时候，母爱创造了奇迹。小E的母亲大概是觉得，既然儿子的成绩不够好，那就从其他方面想想办法，于是她拜访了心仪初中的校长，把我写在"学习会通讯"里的"尺子的故事"拿给他看。校长深受感动，当场决定录取小E。这固然是特例，不具有普遍性，但我们不得不说，小E是靠着"善良"打开了局面。而他的善良，正是来源于母亲无条件的爱。

第二章

如何培养孩子的
自律能力

给孩子发泄郁闷的机会

"我家那孩子特别不安分""孩子总也坐不住，愁死了"——如果你有这方面的烦恼，还请放宽心。你的孩子一点问题都没有！这些现象正是孩子在茁壮成长的体现。坐不住是幼儿的天性。抱怨孩子坐不住，无异于袋鼠妈妈抱怨"我家的孩子会跳"，乌龟妈妈抱怨"我家的孩子总喜欢把头缩进壳里"。只要充分理解幼儿的天性，家长就能卸下心头的重担。

上一年级的小G来参加夏令营之前，他的母亲在问卷里写道："孩子在学校是个十足的问题儿童，不听指挥。"接触下来，才发现母亲所言不假，小G确实不太听话，也无法融入集体。于是我让他和另一个孩子在我身边玩。玩着玩着，一只燕尾蝶在他们面前飞过。两人追着蝴蝶跑到一棵大树下，然后又跑了回来。

我看着表喊道："26秒！"——每次遇到这种情况，我都会用这招。我还补充道："从那边跑过来的记录是24秒哦，就差2秒！"孩子们立时惊呼："啊？！"我看准机会说道："再跑一次看看，预备——跑！"话音刚落，两个孩子就冲了过去。

孩子有个很有趣的特性：一听到"预备——跑！"，就会跑起来。大人从10开始倒数，就会加快速度。一说"石头、剪刀、布"，就会伸出手来。幼儿的天性就是如此。

眼看着两个孩子跑了一趟又一趟。渐渐地，他们的表情越发灿烂了。其中一个甚至在跑完几圈后顺利回归了集体。

简而言之，他们通过奔跑发泄了积攒多时的郁闷，什么毛病都不治自愈了。孩子也会产生挫败感，想要找机会发泄。问题行为的主要原因往往是"孩子认为父母不够关心自己"。跑跑跳跳，玩到浑身是泥，心里就痛快了。

有位母亲告诉我，"只要老大在公园里玩到浑身是泥，就不会欺负弟弟了"。确实是这么回事。大家一定要了解幼儿的天性，给他们创造机会，把郁闷发泄干净。

不能让孩子沉迷电子产品

我向来反对给孩子买电子游戏机。如果可以的话，最好是18岁以下坚决不让玩，至少也该做到"上小学前不玩"。因为许多"家里蹲"（主要是男生）都有沉迷游戏和网络的倾向。

我在教育领域耕耘了三十年，见证了许多孩子的成长。经验告诉我，青少年时期是锻炼身心与头脑、塑造人格的关键阶段，所以孩子们不该把有限的时间浪费在屏幕上。看着对方的眼睛，感受对方的手和身体的温度，分享感受，一同欢笑，才是青少年最该做的事情。

由于计算机技术的飞速发展，特别是人工智能（AI）的进化，许多工作面临转型，甚至走向消亡，这就是所谓的

"第四次工业革命"。在这样的时代，家长应该帮孩子掌握什么样的技能？为了把孩子培养成"有生存能力的大人"，我们又该注意些什么呢？

思路之一是"人无我有"，比如让孩子掌握一门专业技术。会做别人做不了的手术，拥有精妙的机器人制作技巧，掌握理化知识……

"手机什么都能搜到，还学知识干什么"——常有人说这样的蠢话。问题是，如果你没有扎实的物理学知识，再怎么搜索都是无法理解相对论的。"在某个领域拥有过人之处"（比如对某方面的深入了解）定会成为人生路上的利器。

"人际关系维系的能力"也很重要，这一点已渐渐成为共识。换句话说，具有魅力（能让人产生"我就是想从他那儿买东西""我就是想找那个医生看病"这样的想法）、能在人际关系中发挥自身的力量，在这个"许多工作将被AI和技术取代"的时代才是最有价值的。我也这么认为。

要培养这样的人才，显然不能让孩子天天盯着屏幕，而是应该让他们把更多的时间用在有血有肉的人际关系上。

虽说大环境不允许我们将孩子和智能手机完全隔离开，但我们可以限制屏幕的使用范围（比如只用于学习），让孩子多和小伙伴们跑跑跳跳，用全身尽情玩耍，多多积累创造、构思、吵架与和好的经验。

让孩子养成规律的生活习惯

许多有问题的青年过着昼夜颠倒的生活。我可以明确告诉大家，养成规律的生活习惯（比如早睡早起）比学习重要得多。

孩子的昼夜节律一乱，那就是可以跳过黄牌，直接亮红牌了。一旦养成这种习惯，哪怕能改回来，也很容易在几年后故态复萌。踏上社会之后，也会出现突然不肯去上班的情况，一点小风小浪都承受不住。这个毛病比我们想象的更加根深蒂固，摆正心态难于登天。

我了解过这类青年小时候的家庭环境，发现很多人家里有"星期天可以睡懒觉"的家风。换句话说，是家长想趁星期天喘口气，结果把孩子也拖下了水。

当然，大人每天都过得很辛苦，我也不是不让大家休息。家长大可堂堂正正地睡懒觉，只要以坚决的态度告诉孩子"大人是可以睡懒觉的"就没问题。

"小孩子就该早起！"

"吃早饭前，你们几个先出去跑两小时！"

只要对孩子这么说就行。

如果孩子觉得累了，早些上床休息就是了。早起关乎身体的节律，请大家务必帮孩子养成不睡懒觉的习惯。

一旦允许孩子在星期天睡懒觉，让身体尝到了日夜颠倒的滋味，他们便会得寸进尺，心想："大考过后睡几天懒觉不过分吧？"久而久之就变成了"暑假睡到11点也没关系吧？"……天长日久，就为日后的"家里蹲"埋下了伏笔。

其实问题的根源在小学阶段。希望家长们在这方面坚持原则，绝不动摇。

打招呼是学会沟通的第一步

日常生活中的种种习惯是学习能力的基础，"早睡早起"就是典型的例子。好习惯能帮助孩子成长为有生存能力的大人。请大家务必从低年级开始用心培养。

除了早睡早起，规规矩矩打招呼也是一种重要的好习惯。

立定后面朝对方，看着对方的眼睛打招呼——这样一个有礼貌的人能给对方留下非常好的印象，公司也更欢迎这样的人才。

打招呼是沟通的第一步。

听说在美国联棒大联盟打球的第一位日本捕手城岛健司的父亲在这方面做得特别好。

城岛选手上学的时候不爱学习，明确表示"我以后就靠棒球吃饭了"，成天逃课。有一次，老师联系了他的父亲，说他继续这样会被学校开除。父亲对老师说："这样吧，老师，我有一个提议……"

他告诉儿子："你可以不学习，但是在上学路上，你必须跟遇到的每一个人规规矩矩打招呼。"

多么有见地的父亲啊！只要孩子能活力十足地跟人打招呼，就具备了最起码的教养。

听完这个故事，我佩服得五体投地，不禁感慨"正确的教育莫过于此"。如今的城岛选手是收入高，人望高，别提多有魅力了。成绩差一点也不要紧，只要能规规矩矩地跟别人打招呼，就能闯出一片天地。

为了孩子的未来，请各位家长务必帮孩子养成见人打招呼的习惯。

端正孩子的坐姿

除了"早睡早起"和"打招呼"这两点，在孩子升入小学，正式开启学习生涯的时候，家长还需要关注他们的"姿势"和"铅笔的握法"。

当然，学校的老师也会提醒孩子。在花丸学习会，老师最先指导的也是这两点。但孩子终究是孩子，要不了多久便会打回原形。坐着坐着就开始驼背了，甚至还会支起一条腿。铅笔的握法也是"自成一派"。

学习的第一步就是端正坐姿，后背挺直。根据我的经验，姿势端正的孩子在学习方面后劲更足。

在这方面，家长提醒多少次都不为过。但家长一定要沉得住气，心平气和地反复提醒。

坐不住是低年级孩子的通病。大家要充分理解"小蝌蚪"的天性，不厌其烦地提醒。

不过做家长的难免会对孩子心急上火。挨了批评的孩子也许会这么想："我也不知道是怎么回事，反正妈妈好像一直在生气。"久而久之，他们就有可能失去学习的动力。

一位著名的脑科学家说过，"批评会让人脑失去动力"。妈妈负责指导孩子学习的家庭需要格外注意。请大家牢记，孩子就是一种"心平气和地反复提醒才能记住"的生物。

实在克制不住，没说几句便心急火燎的母亲又该怎么办呢？教大家一招：想象另一个自己正在头顶监控。火冒三丈的自己是受监控的对象，另一个自己在更高的维度看着。看到底下的自己大呼小叫，你肯定会笑着说道：

"瞧瞧，又发火了！"

光是想象这一幕，心里便会轻松许多。不要强迫自己扮演一个"完美的母亲"。淡定地拿自己开开玩笑其实刚刚好。

私下批评，当众表扬

"一对一批评，当众表扬"是我一贯坚持的批评表扬技巧。

"这孩子真是一塌糊涂……"每次听到家长这么说，我都想插一句"你才一塌糊涂呢"。为什么要在外人面前伤孩子的自尊心呢？这种话根本就没有必要说啊。

孩子不明白这只是一种寒暄，也不知道家长是在谦虚。家长说出口的每一个字，都深深扎进了他们的心里。

家长在日常会话中的数落会化作渣滓，沉入孩子的心底。日积月累，孩子就会失去信心，觉得自己是个微不足道的人。

请大家千万不要在人前贬低自家的孩子。多表扬才是正确的做法。

　　批评的时候则应该反其道而行之，跟孩子一对一，明确表达你的观点。

　　如果有兄弟姐妹在场，效果就会大打折扣。请务必带孩子去一个只有你们俩的地方，好比浴室或储物室。

　　然后表情严肃、态度诚恳地告诉孩子他错在了哪里。挨批评的时候，孩子会试图转移大人的注意力，各位家长千万不要着了他们的道。

批评的三大原则

在面向家长的讲座中，我会反复强调批评的注意事项。因为无论我说多少次，家长都会故态复萌。

批评有三大原则：①严厉；②简短；③不能没完没了。

所谓"严厉批评"，就是让孩子明确认识到"长此以往就无法成为一个有生存能力的人，无法在社会上立足，会变成一个矫情、交不到朋友的人"。所以家长必须狠下心来，摆出严厉的态度，否则就没有意义了。但严厉不等于"大吼大叫"。声音要尽可能低沉、诚恳，表情要严肃。对于一个孩子来说，看到平时和蔼可亲的母亲压低声音，摆出严肃的表情批评自己，那还是相当可怕的。

母亲一发脾气就容易扩大战线，一激动就喜欢翻旧账

（"学钢琴的时候也是的，没几天就不弹了！"），最后会把所有的郁闷都发泄在孩子身上（"你爸也天天不着家，气死我了！"）。孩子莫名其妙挨了一通跟自己没什么关系的训，心里能痛快才怪。所以请大家在批评的时候务必就事论事。

最后一点是"不能没完没了"。许多母亲以为自己的批评很简短，其实火气迟迟没有消退，一看背影就知道她们还在气头上。一个小时过去了，孩子把作业做完了，还帮忙把饭菜端上桌，心想"妈妈应该已经消气了吧？"，便开口喊了一声"妈妈"。母亲却没好气地说道："叫什么叫！烦不烦啊！"原来母亲的气还没生完呢。

难得孩子已经在反省了，也调整好了心态，可母亲迟迟不消气的气氛会将孩子的一片苦心扼杀在摇篮里。简短而严厉地批评一下，擦干眼泪之后，就该调整心态，跟平时一样对待孩子了。

家长要"一碗水端平"

　　多子女家庭常会出现这样的情况：家长觉得自己一碗水端平了，却在无意中过多打压了某个孩子。于是他就成了父爱母爱争夺战的失败者。

　　假设一对姐妹跟母亲一起去玩具店买东西。母亲和姐姐看中了一款玩具，兴奋地说："就买这个吧！"说着便往收银台走。妹妹见状，肯定会想："……那我呢？"换作爱撒娇的老幺，大概会直接跟母亲说："怎么把我给忘了啊？"但经常被忽视的孩子是不会这么说的，只会在心里嘀咕："瞧瞧，妈妈就是不爱我。"

　　其实母亲并没有厚此薄彼的意思。然而每天都出现类似的情况，就会让孩子失去"妈妈爱我"这一心灵支柱。4～9

岁的蝌蚪期是儿童建立社会自我形象的关键时期，没有这样的心灵支柱，孩子就会带着自卑走向社会。

不过，如果孩子能向家长发泄这种情绪，那就不必担心。常有母亲咨询我："孩子跟我嚷嚷'你就是更偏心××（其他兄弟姐妹）'……"其实这样的发泄没有任何问题。

这种行为被称为"自我表露（Self-disclosure）"，说白了就是以语言的形式把自己的情绪等信息如实地传达给对方。孩子敢对母亲说这种话，正说明母亲一直都很疼爱他，双方建立了良好的亲子关系。孩子闷着不说反而更危险。

孤军奋战是母亲在日常生活中不自觉地打压某个孩子的首要原因。换作以前，也许会有街坊家的阿姨提醒母亲："别老说妹妹啦。"可是如今已经不会有人插嘴别人家的教育问题了，以至于问题迟迟得不到解决。母亲将孤独感发泄在孩子身上，成天抱怨，一不留神就把孩子给压垮了。

最好的解决办法是让母亲先快乐起来，并且让孩子切身感受到"妈妈是爱我的"。

独苗策略

　　如果孩子因家长的无意识行为长期压抑自己的情绪，我们又该做些什么呢？

　　最有效的方法莫过于"独苗策略"。

　　上小学一年级的小H是三姐妹的老二。在母亲眼里，她是个很好带的乖孩子。只是上头有个成绩优异的姐姐，下头有个聪明伶俐的妹妹，以至于小H总也得不到大人的关注。每次去爷爷奶奶家，爷爷都会先抱抱妹妹，然后说"听说姐姐又考了个好名次"。小H本以为接下来总能轮到自己了，爷爷却说："来来来，吃饭吧。"……每次都是这样。

　　大人并没有恶意，孩子却觉得自己被忽略了。小H刚参加花儿学习会的时候，几乎每次都是被她妈妈硬拽过来的。这种情况整整持续了一个学期。

谁知暑假过后，小H笑嘻嘻地来上课了，学习的劲头也特别足，简直跟之前判若两人。我便问小H的妈妈："暑假期间是不是发生了什么事啊？"她告诉我，她发现老二缺乏信心，很是担心，就跟老公商量了一下对策。

母亲能下这样的决心实属不易。因为很多家庭能隐约认识到对某个孩子不够关爱，却没有做出改变。这样显然不能解决任何问题。但小H的父母不一样，他们一咬牙一跺脚，决定采用"独苗策略"。

家长请了一个星期的假，把老大和老三送去了乡下的爷爷奶奶家，于是家里就只剩爸爸妈妈和小H了。三个人整整待了一星期，他们每天睡在一起，吃在一起，而且还去了迪士尼乐园。"你小时候的这个动作真是可爱死了""你的名字是这么来的"……父母利用这段时间使劲疼爱小H，聊了很多幼时趣事，只为了让小H知道"爸爸妈妈一直都很爱你"。暑假过后，小H交了足足11篇作文，字里行间都透着这样一句话："爸爸妈妈是那么爱我！"

再大的孩子都渴望与父母独处的时光。如果你担心孩子感受不到父母的关爱，不妨定期抽空和孩子单独相处。

让孩子多出门闯一闯

我们花丸学习会非常注重户外体验，每年夏天都会举办夏令营。远离父母，在大自然中和小伙伴玩耍……这样的经历有着无可替代的意义。

孩子们在夏令营中给我带来了无数的兴奋和感动。其他人一辈子体验的感动，恐怕还不足我的百分之一。江河湖海的粼粼波光，耀眼的太阳，孩子们的欢呼。每个人都是如此可爱，我只希望这一天永远都不要结束。个性迥异、年级也各不相同的孩子在相互交流的过程中产生了化学反应，飞速成长。因自信改变的眼神。处处都有精彩的小故事上演。

独生子女生活在父母的关注之下，严重缺乏摸爬滚打的经验。他们更需要和不同年龄的小伙伴外出玩耍、过夜，积累竞争的经验。

　　我们的终极目标是培养有生存能力的人，所以一定要让孩子多出门闯一闯。在小时候多让孩子吃点苦头，积累经验。不过眼看着孩子遇到困难，做父母的总会忍不住伸出援手。所以实际离开父母的经历才尤其必要。

犹太人育儿的秘密

　　犹太人只占世界总人口的0.25%，但20%的诺贝尔奖得主是犹太人。不仅如此，犹太人还在医学、经济学、法学等方面培养出了众多优秀的人才。他们到底有什么诀窍呢？

　　关键在于犹太人的教育方法。花丸学习会旨在培养"有生存能力的大人"，而犹太人的教育理念也算得上是我们的指路明灯。

　　据我所知，犹太人也会限制孩子打游戏、看电视，要求孩子大量阅读书籍，在家里给父母"上课"（解释他们在学校学到的东西）。不过前些天，我从一位牧师那里了解到了犹太人对青春期之后的孩子采用了怎样的教育方法，深受启发。

孩子12岁之前主要由母亲照顾，用母爱悉心浇灌。父亲的作用是陪孩子玩。

而13岁的成人礼过后，父亲便成了养育工作的核心人物。父亲要带孩子参观自己的工作场所，让他们搭把手，并时常带他们去户外体验生活。

年满18岁后，孩子会被征召入伍，接受严格训练。在退伍后，他们会过1～2年浪迹天涯的生活。在此期间，他们会在街边卖些东西维持生计。回来之后再去上大学。

参观父母的工作场所与户外体验与我们花丸学习会的一贯方针有着共通之处，而且我也对"浪迹天涯"的作用有着深刻的体会。我在20岁出头的时候当过背包客，有过"住同一间青旅的五个人来自不同的大陆"这样的体验，痛感青年时期的旅行对人生有着怎样重要的意义。

我认识许多五十岁上下、活跃在社会各界的人，他们中的不少人在年轻时都有过浪迹天涯的经历。大概是在举目无亲的陌生空间克服紧张和焦虑、享受现状的经历特别锻炼人吧。

如今的年轻人似乎少了几分闯劲。如果有更多的年轻人鼓起勇气，独自出门闯荡，他们的未来定会更加美好。

克服"运动方面的自卑情结"

　　不擅长运动的孩子不在少数，但各位家长一定要把"运动方面的自卑情结"重视起来。

　　0～3岁是沐浴父爱与母爱的时期，而4～9岁则是孩子建立社会信心的时期。所谓社会信心，就是社会生活所必需的积极心态，比如"我能交到很多朋友""上学很有意思"等。

　　然而，能在学校里一呼百应的永远都是有运动细胞的孩子。跑得快的孩子就是酷，球扔得远的孩子就是帅。在这种大环境下，无论你如何安慰运动能力差的孩子，让他对自己有信心，都只是强人所难。

　　"你那么善良，跑得慢一点也没关系啊！"——旁人的这种安慰只会让孩子更加痛苦。他们不需要这样的体贴。因为运动方面的自卑情结，只能通过运动来克服。

花丸学习会收过一个叫小J的二年级学生。他经常在课后看别人的笔记本，然后不以为然地说："你连这种题都不会啊？"我猜他大概是在某方面特别自卑，便给他母亲打电话问了问。果不其然，母亲告诉我："那孩子就是跑不快。马上要开运动会了，他大概是在担心这个吧。"

谁知小J升入五年级之后，他竟然告诉我，自己要参加接力跑大赛。而且他浑身上下洋溢着自信，说："我跑得可快了！"我百思不得其解，只能再次联系孩子的母亲。原来她上次接到我的电话之后，和丈夫严肃地讨论了这个问题。爸爸如此鼓励小J："我小时候跑步也很慢，这是遗传的，想改也改不了了。但你是个肯努力的孩子，练马拉松还是有希望赶上的！"于是父子俩每天早上6点起床，在自家周围晨跑，下小雨也不休息。小J确实很有毅力，但我觉得这位爸爸也很厉害，哪怕忙到很晚才回家，第二天也会一早起床陪孩子跑步。功夫不负有心人，小J在上初中的时候跑出了市级冠军的好成绩，还参加了县级大赛，完全恢复了信心。

小J靠运动克服了自卑情结。在4～9岁的蝌蚪期，大多数问题都可以通过夫妻合力解决。在这个时期，家长还是有很多办法的。

小J的例子告诉我们，马拉松很适合没有运动细胞，但是有毅力、肯努力的孩子。

游泳对小胖墩比较友好。许多游泳班会定期举办升级考试，有助于帮孩子建立信心。每次通过考试，回家报喜，得到表扬，孩子都会心花怒放。

在运动方面得到家长的表扬，积累小小的成功体验，能有效增强孩子的自信心。

如果孩子不敢主动发言、说话声音轻、性格内向、经常在打架中落下风，学一门武术也是个不错的选择。

练习武术需要大声呼喊，还能感受到打人或被人打的疼痛，这是日常生活中无法体验到的。我见过无数因为学习武术取得了长足进步的孩子。尤其是剑道，我能切身感觉到，练剑道的孩子成材率非常高。

以"赋予职责"对付"问题儿童"

遇到"问题儿童"时，不妨在集体中赋予他一定的职责，效果立竿见影。

小K上一年级的时候参加了我们学习会的夏令营。当时他还在其他补习班上课。他妈妈在健康调查表上写道："孩子在学校人缘极差。动不动就打人、说些难听的话，大家都很讨厌他。老师和我都拿他没办法。家里的其他孩子也不喜欢他。麻烦老师严格管教。"我本以为是妈妈说得太夸张了，孩子本身没有那么严重的问题。谁知事实给我上了一课，小K确实是一个非常棘手的孩子。粗话连篇，搞得大家心情不好，大人们都有些受不了了。

第二年，小K又来了。不出所料，他对年纪小的孩子颐指气使，拳打脚踢，闹得不可开交。这一年的夏令营也在郁闷中画上了句号。

第三年，小K又报名了。说实话，考虑到对其他孩子的影响，我有过拒绝他的念头。那时小K虽然才上三年级，却已经跟初中的不良少年有一拼了。于是我把他安排在了一个三四人的小队。除了他，组员都是一年级的小朋友。我告诉他："你是这个小队的队长，就看你的了！"而小K就因为这样一句简简单单的话而洗心革面了。

三年级的孩子总想踮踮脚，够到更高的地方，所以常常表现出老成的样子。小K也立刻摆出了领导的架势，指挥队里的小朋友说："马上要洗澡了，先把干净衣服拿出来准备好！"

夏令营的最后一天下起了大雨，我们不得不调整日程安排，在钓鱼池边进行了一场比赛。比赛以接力形式进行，一个人钓到了，就换下一个人接手。小K便说："好，我来给你们加油！"只见他缓步出列，高呼："加油！A组加油！"听着听着，另一队也开始喊加油了。最后，参加夏令营的90个孩子齐声欢呼："加油！花丸加油！"孩子们的声音响彻天际……小小的职责，竟能让一个孩子脱胎换骨。

其实小K这样的孩子只是想得到更多关爱罢了。渴望关注的精力无处宣泄，便引发了种种问题行为。但我们完全可以坦然接受孩子的特质，帮助他改变。这个例子也让我确信，问题儿童也能救回来，这样的孩子反而更有潜力。

一句话改写孩子的人生轨迹

家长的一句话为孩子注入了信心，帮助他们实现了蜕变……这样的例子比比皆是。简简单单的一句话，就能改写孩子的人生轨迹。我本人就有过这样的经历。

我是三姐弟中的老二，上有成绩优异的姐姐，下有英俊帅气的弟弟。我只能含着手指羡慕他们。

一、二年级时，我是一个文静、不引人注目的孩子。但是在三年级时，我实现了彻底的蜕变。现在回想起来，这恐怕得归功于当时的班主任N老师。她是一位目光慈祥的女教师，也不知道为什么，只要待在她身边，我就觉得很自在。

在一次算术考试中，有一道题问"图里一共有几个长方形"。长方形有大有小，错综复杂，不仔细数很容易出错。

我觉得自己数对了，提交了答卷。

几天后，老师把考卷发回给我们。我考了100分。N老师提到了那道题，当着大家的面说：

"只有高滨同学答对了！"

那一刻的欣喜，我至今难以忘怀。

我的改变就是从那时开始的。

午餐时间的广播一响，我就会手舞足蹈，逗大家开心。在学习方面也有了自信。

遥想过去，我不禁为自己有幸遇到一位出色的老师而感慨。也正是多亏了N老师，我才能靠这份工作立足于社会。

第三章

如何培养孩子的
社会生存能力

向孩子展示正确的听说技巧

在第一章中，我反复强调低年级学生只要端正坐姿，认真听讲，学习就不会跟不上。

光"用耳朵听"还不够，重要的是"听讲态度"和"听讲姿势"。不过好的听讲习惯离不开日常生活中的积累。父母必须为孩子树立好榜样。

"你有好好听讲吗？""你要看着老师的眼睛，认真听！"——很多家长会反复叮嘱孩子认真听讲，在家跟孩子说话的时候却从来不看孩子的眼睛，心不在焉，那可不好。

当然，我也知道各位家长又要忙家务，又要带孩子，忙得不可开交。但我还是希望大家能在孩子跟你说话的时候，至少认真看孩子一眼。然后在孩子说话的时候，时不时点点头说："哎哟，是吗？"或是鼓励他继续说下去，比如问一句"然后呢？"——如此一来，孩子就会告诉自己："我也得这么听人家说话！"久而久之，就能在亲子交流的过程中自然而然养成良好的倾听习惯。

亲子之间一旦形成"左耳进右耳出"的关系，就很难再掰回来了。

跟孩子说话的时候也要格外注意，不能把不规范的用词挂在嘴边。因为和孩子互动最多的当然是家长，所以家长的用词遣句会对孩子产生巨大的影响。

模棱两可、不规范的说法也会影响孩子的思维和心态。幼儿期到小学低年级的这段时间尤其关键。家长一定要发挥榜样作用，向孩子展示正确的听说技巧。

及时纠正孩子的口误

我深刻地感觉到，一个人长大之后口才好不好、表现力强不强、词汇量大不大，固然跟他本人的阅读量有一定的关系，但在很大程度上还是取决于小时候的家庭环境。

如果家长的语言基础不好，孩子在这方面就很吃亏。但我们起码要保证，不在家里使用错误的说法。

还要养成"碰到不明白的词语时立刻查字典"的习惯。经常看到父母查字典的孩子自会有样学样。

经验告诉我，习惯翻字典的父母更容易培养出成绩好的孩子。大家可以把字典放在客厅，方便随时查阅。

发现孩子的口误时，父母要及时纠正，不能听之任之。

比如孩子很小的时候，也许会把"隧道"说成"隧淘"。这个时候，家长要及时告诉他："是'隧道'哦！"小朋友的口误确实可爱，但及时纠正才能养成良好的家庭习惯。

孩子用错易混淆的词语时，家长也要及时指出。如果一个家庭能够理所当然地做到这一点，孩子就能在"规范用词"这方面与同龄人拉开差距。

若不及时纠正，有些家长就会下意识地去"揣摩"孩子的意图，心想"你是这个意思吧"。这种揣摩是很棘手的，乍看是亲情的体现，本质上却是在放任孩子犯错。

让孩子学会享受挑战

有些孩子喜欢把"我不行""不想做"这种消极负面的话挂在嘴边。而家长总是希望孩子能积极主动一点，自然会为此烦恼不已。

然而，问题的根源往往不在孩子身上。常说消极的话，不过是因为他们害怕失败罢了。而害怕失败，往往是家长过度干预所致。

换句话说，因为家长总是以结果论英雄，稍微有些不顺就生气，所以孩子总想把事情顺顺利利地办妥。于是他们倾向于只做自己熟悉的、做得到的事。这样的孩子就失去了挑战新事物的勇气，他们自己也很痛苦。

要改变这一局面，家长就不能过度干预，使劲夸奖就对了。只是这话说起来容易，做起来难。很多家长已经养成了事事插嘴的习惯，要是绷着一张脸，违心地表扬孩子，孩子反而会不知所措。所以家长在这方面需要付出很大的努力。

如果孩子已经告别了蝌蚪期，即将升入高年级，给孩子报一个运动类的兴趣班也是个好办法。如前所述，武术对这种类型的孩子来说是个不错的选择。帮孩子找到一项自己擅长的运动，就能培养出不惧失败的品质。

孩子说"我不行"，是他开始害怕这个世界的信号。做家长的必须告诉他们，"今后的人生有的是新挑战"，也要把他们培养成能够享受挑战的人。

从"没去过，不想去"，到"没去过，有意思，去试试看吧"。

不过有些孩子说"我不行"纯粹是为了偷懒。只有仔细观察孩子的人才能看出来。遇到这种情况时，大可严厉批评。父母也要仔细观察自家的孩子，培养自己的鉴别能力。

不要擅自给孩子贴标签

　　"这孩子就是不行""我家这孩子就是没出息"——过度干预的家长喜欢把这种话挂在嘴边。简而言之，他们动不动就给孩子贴上"不中用"的标签。

　　其实他们心里并不是这么想的。也许他们是希望有人说一句："瞧你说的，没有的事！"

　　就在前几天，我碰到了这么一件事：一个四年级学生的母亲不停地说"我儿子就是不行"。仔细一问，才知道她最大的烦恼是孩子不好好做作业。于是我们教了她一个简单的办法。

　　首先，让孩子自己画一张简单的作息表。哪怕发现孩子没做作业，妈妈也别吭声。当孩子按时完成作业时，再狠狠表扬："你做作业啦,真棒!"仅此而已,不要多加干涉。总结成一句话就是:做了作业就夸,不做作业就别吭声。

短短两周后,那个孩子就养成了主动做作业的习惯。

就这么简单?——大家可能会觉得不可思议。其实"不打击孩子的自信""只把表扬说出口"对广大家长来说是很难做到的。殊不知,许多"为孩子好"说的话反而让孩子丧失了斗志。

"反正你是不会做的!""总是磨磨蹭蹭,气死人了!"……许多家长会在一气之下说出这些不该说的话,陷入恶性循环。

要是有人能提醒一句"这些话太刺耳了",事情就简单了。但家长往往是当局者迷,认为"我是在激励他啊"。但我要告诉大家,这种话激励不了任何一个孩子。他们只会被家长的话语深深伤害,丧失动力。

无论多大的孩子,都希望得到父母的认可和赞扬。看到孩子做出改变,重拾斗志,家长又岂会不欣慰呢?这样的相互成就,会使亲子关系越来越好。

表扬孩子的优点是家长的必修课

　　表扬孩子的优点是家长的必修课。孩子需要用积极向上的话语浇灌，而不是用消极的、伤人的话语连番轰炸。不过，表扬的方法也是有讲究的。

　　孩子们对刻意吹捧和"为了表扬的表扬"非常敏感。他们能感觉到大人搜肠刮肚寻找赞美之词时的负面情绪，进而产生"对方瞧不起我"的印象。经常有孩子在受到表扬的时候突然哭出来。问及原因时，他们会这么说："那么简单的事，我早就学会了！"孩子不喜欢大人刻意表扬一些他们理所当然可以做到的事情。大概是因为那样的表扬会让孩子感觉到："你根本就看不起我！"

　　大人需要用语言准确地表达孩子的进步与他克服的困

难。在花丸学习会的讲师培训中，我也经常强调这一点。

说"太棒了""你可以的"也不是不行，但表扬完全可以更简单，把孩子克服困难的事实说出来就行。要想做到这一点，就必须对孩子进行细致入微的观察。

家长要在孩子克服难关的时候，把这个事实说出来。以学骑自行车为例：如果家长发现不会骑车就是孩子眼下的难题，那么在他学会的时候说一句"咦？你学会了呀？"就行了。

听到心爱的爸爸妈妈把自己的成就说出来，孩子就会开心到极点。"你学会了呀？"——孩子最想听到的就是家长的惊叹。

不过孩子要克服的难关不能是他人赋予的，否则就没有了意义。

孩子的动机不能是"爸爸妈妈大概希望我这么做"，或是"为了得到爸爸妈妈的表扬"。应该让孩子自己拿主意，自己生出"我想这样做，我想克服这个难关"的意识。当孩子以不甘心为动力，通过努力克服困难的时候，请家长们一定要及时表扬。

孩子的成长需要仪式感

每克服一个必须攻克的难关，孩子便能取得很大的进步。

花丸学习会每年举办的夏令营中有一个固定节目：让孩子们从河堤跳进河里。纵身一跃需要很大的勇气，所以犹豫不决的孩子也不在少数。

我却将这个环节视作"成长仪式"，坚信它有重要的意义。

小学一二年级的孩子鼓起勇气，从两米多高的河堤跳进河里。在那一刻，他们眼中的世界将呈现出截然不同的面貌。亲眼见证整个过程的我都能感受到他们的变化，阔别多日的父母就更不用说了。孩子们会带着坚毅的眼神回到家长身边，一看就知道："哦！这孩子又成长了一些！"

为什么这一跳能让孩子的眼神变得坚毅？因为孩子也会在脑海中纠结，不确定自己能否做到。眼前的那条河，就是对他们的考验。明知道跳下去并不会受伤，但还是会觉得害怕。所以当他们鼓起勇气迈出那一步的时候，就能品尝到巨大的成就感，收获强大的动力与坚毅的品质。

当然，跳河并非成长仪式的唯一形式。只不过它考验的是纯粹的勇气，所以比较直白。每年9月新学期开始的时候，我都能看到自夏令营归来的孩子们露出自信满满、充满干劲的表情。

靠自己的力量闯过成长仪式，孩子便会有这样的感觉——人生仿佛充满了乐趣，不需要任何前提条件。

成长仪式不需要宏大的规模。爸爸带孩子出门的时候，也可以挑战一下只属于你们的小仪式。

不要总提"别人家的孩子"

在之前的章节中，我介绍过家长用狠话"激励"孩子的例子。而家长容易犯的另一个错误，就是拿自家的孩子和"别人家的孩子"作对比。

人们常说"不能横向比较"。家长们也懂这个道理，却总是忍不住。

假设孩子收到了小伙伴寄来的贺年卡。家长也许会随口说道："哇，小×已经会写汉字啦！"

听到这句话，孩子心里别提有多不痛快了。

家长也许是无心的，但孩子却会想："反正我就是没出息，不会写呗！"

大人拿孩子做不到的事跟别人作对比，只会让自己的孩子失去动力。反过来说，你若想彻底毁掉一个孩子，天天当着他的面提"别人家的孩子"就行了。

听到小伙伴说"大家都会，就你不会"，孩子也会沮丧不已。

家长想表达的意思肯定是"不甘心就加倍努力啊！"，但我从没见过一个孩子因为大人拿他做不到的事跟人家作对比而受到激励。

只有以自身的好奇心为驱动力的孩子才能不断进步。在幼儿园和小伙伴比赛谁先学会写字，模仿哥哥姐姐写字的样子……总之，他们做某件事的起点总是和积极向上的印象联系在一起。只要这类孩子说出"我可擅长写字了"这样的话，家长就能放一百个心了。

孩子本就是一种充满动力的生物。希望各位家长不要过多干预。

多给孩子一点耐性

"家长过度干预影响孩子进步"的例子不胜枚举。

好比"算数困难户"的家长，往往有一个共同点。

那就是"没什么耐心"。见孩子苦思冥想，总也不下笔，家长就发起了脾气："磨蹭什么，还不快做！""有完没完了！"家长的经验比孩子多多了，却要求孩子拿出跟自己一样的解题速度。"怎么做？应该这样做啊！"——他们会接管习题，撂下孩子往前跑。

自己拿主意，自己动手，自己做成一件事。只有这样，孩子才觉得有意思。在自主性缺失的状态下做的事毫无乐趣可言，孩子也学不进去。

家长半强制地递给孩子一本习题集，告诉他："听说这本习题很有意思。"孩子心里肯定不舒服。但他们深爱着爸爸妈妈，所以总想讨大人的欢心。

家长总是抢先表态，于是他们也只能点头说"嗯"。因为他们一点头，爸爸妈妈就高兴了。这样的教育是培养不出具有自主性的孩子的。在这种状态下，无论孩子做多少习题，都会被那些自己真心想学的孩子轻松超越，因为后者有强大的冲劲。

顺便说一句，我并不认为在幼儿期超前学习是一件坏事。既有积极性，又有能力的孩子完全可以多学一些，也不是非学不可，根据实际情况决定就好。

最糟糕的情况是，孩子其实是想玩积木的，但他们察言观色，发现做习题更有可能让爸爸妈妈开心，于是就做了做样子，结果得到了家长的表扬——这才是超前学习的陷阱。明明不想做，却看家长的脸色行事，为了家长而学习……

能够集中注意力做自己想做的事，才是"后劲足的孩子"的必备条件。

面对孩子要做好表情管理

"我从不干涉孩子的学习，也不批评他，为什么他就是不爱学习呢？"

如果你也有这样的困扰，请先反省一下自己平时的所作所为。也许是你的眼神让孩子对学习产生了反感。

给大家举个例子。有个一年级的男生天天说："我太笨了，学什么都不行。"搞得他妈妈很是头疼。也许他是受了小伙伴的嘲笑，可是照理说，孩子应该不至于因为几句嘲笑就把这样的话挂在嘴边。

于是我便想，可能是母亲的眼神肯定了这句话。换句话说，母亲没有明说"你就是笨"，却用表情和眼神表达出了这层意思。

"这孩子要我说几次才懂啊……""唉，他怎么就是听不懂呢……"——和孩子交流的时候，你心里是不是这么想的？是不是露出了很不耐烦的表情？

　　孩子渴望得到爸爸妈妈的重视和笑容。我们甚至可以说，孩子想要的正面评价不过如此。见家长带着一脸无可奈何的表情站在自己身边，孩子会说出"反正我就是笨"这种话也是情理之中。久而久之，孩子就会失去动力，对学习彻底产生反感。

　　哪怕孩子在外面听到了"你是个笨蛋"这样的嘲笑，只要爸爸妈妈斩钉截铁地说："瞎说！你一点都不笨！"孩子就会松一口气，心想："呼……太好了！"

　　遇到这种情况时，千万不能把"搞不好这孩子真是个笨蛋"这种想法写在脸上。要知道，爸爸妈妈是孩子的依靠。

认可孩子的努力

　　有些孩子在学习上遇到一点小挫折或者一个不明白的知识点，就会立刻失去干劲。这往往是因为家长过分关注孩子有没有把题做对。

　　这类家长给孩子检查计算题的时候，会针对结果告诉孩子"你做对了"。换句话说，家长的评价标准是"答案是否正确"。

　　家长们忙里忙外，又要照顾孩子，还得抽空辅导功课。于是他们便直接问："做对了没有？"如果孩子回答"嗯"，他们便说："那就好。"可要是没做对，爸爸妈妈就会立刻翻脸，批评道："咦？为什么？昨天不是刚说过吗？"次数多了，孩子就会总结出这样一条规律：只要我做对了，爸爸妈妈就满意了。

当然，算数和写字是各科学习的基础，重要性不言而喻。可要是孩子天天和家长对答案，确认习题有没有做完，孩子就很容易发展成应用题困难户，碰到稍微需要动点脑子的题就嫌麻烦，没动力。

后劲足的孩子都有丰富的思考经验。所谓的"思考经验"不是什么艰深晦涩的东西，它与我在第一章中所提到的"恍然大悟的快感"密切相关。在花丸学习会，我们会让低年级学生做大量的字谜。这不是为了锻炼他们解字谜的能力，而是为逻辑思维打基础，引导他们去感受发现的喜悦——"恍然大悟的快感"。

看到谜题时，孩子的第一反应是"这是什么？"，想着想着便会灵光一闪："啊！原来是这样！我明白了！"如此一来，大脑就会分泌出带来快感的物质，而孩子也会为了再次品尝到这种快感而发奋学习。所以动力的原点，就是小小的成功体验。

因此，请各位家长少说"给我规规矩矩做完"。正确的做法是在孩子做对的时候给予认可，告诉他们："这么难的题都会做啦，真了不起！"

　　父母是孩子最爱的人。一旦得到爸爸妈妈的认可，孩子就会在心中欢呼雀跃，以十二分的动力投入到日后的学习当中。

培养孩子当众发言的能力

许多家长担心刚上小学的孩子不擅长在课堂上发言，不敢当众演讲。怎样才能帮助孩子提高表达能力，养成不怯场的胆量呢？

首先请大家摆正心态：对孩子来说，当众发言就是一桩难事。高年级学生都会紧张到语无伦次，年纪小的孩子就更不用说了。构思发言并当众发表，本就离不开高水平的逻辑思维。

那么当众发言的能力到底该如何培养呢？首先，家庭中的对话是语言表现力的基础。丰富的经验与阅读量固然重要，但家庭中的对话才是一切的基石。

尤其是寡言少语的男孩子，非常需要母亲的巧妙引导。

母亲可以先问一句："今天学校里有什么新鲜事？"

孩子表示某部漫画或电影很有趣的时候，家长也要抓住机会，问"有趣在哪里啊？"，引导孩子发言。然后再问："这个故事是关于什么的？"让孩子概括大致的故事情节。这也是一种绝佳的训练，可以帮助孩子准确把握他人发言的中心思想。

请大家牢记，会话能力的基础在于家庭。在锻炼说话能力这方面，家长的作用不容小觑。

家长要"答其所问"

在家庭会话中，除了之前提到的"让孩子概括中心思想"，能否做到"答其所问"也很关键。因为这是一切对话的起点。

看到这里，有些读者会说：答其所问不是理所当然的吗？其实很多家庭并没有做到这一点。比如下面这个例子：

"今天在学校过得开心吗？""话说我饿了。""哦，得买菜做晚饭了。"

不知大家看出来没有，双方根本不在一个频道上。只是把球扔给对方，却不接对方抛出的球。大人也被孩子带偏了。

遇到这种情况时，家长完全可以用比较"凶"的语气说："什么叫'话说我饿了'！妈妈问你在学校过得怎么样！"

一旦养成"对话不在一个频道上"的坏习惯，要想纠正就很难了。更可怕的是，这种鸡同鸭讲的对话稍不留神就会沦为常态。为了帮孩子养成正确的沟通习惯，最迟也要在三年级之前解决这个问题。

请容我再强调一遍："答其所问"是对话的基本原则。这种习惯也与学习密切相关。因为"解题"也是一种沟通形式。

到了高年级，孩子需要在阅读题干后揣摩出题人的意图、对方的中心思想，然后在此基础上作答。一个不具备基础对话能力的孩子又怎么可能读懂出题人的意图呢？

许多孩子明明有算术天赋，却因为语文不好没考上心仪的初中或高中。无论参加哪一科的考试，读懂考题都是最关键的第一步。语文是学习的基础，而语文的核心就是词句与对话。为了不让孩子长成读不懂他人情绪的人，做家长的也要贯彻好"答其所问"的原则。

激活孩子与生俱来的动力

"怎么样才能让孩子拿出干劲啊?"

"怎么样才能按下孩子的干劲开关呢?"

——常有家长咨询这方面的问题。

世上本没有毫无动力的孩子。而且动力也不是孩子的专利,而是我们每个人的标配。早上起床之后,你肯定会想:"今天要做些什么呢?"我们总是充满好奇,拓展知识面也能带来无穷的乐趣。

干劲开关一直都在孩子身上,只是家长的所作所为阻碍了他们按下开关。和别人家的孩子比,和兄弟姐妹比,把孩子说得一无是处。这样的话听多了,想不失去干劲都难。

如果你也在为孩子全无动力而烦恼，那么解决问题的第一步就是充分认识到："是我在某个方面没做好，害得他没了干劲。"不解决问题的根源，却以为只要把孩子送去补习班之类的地方，就能让他开窍，那可就大错特错了。

常有家长带着孩子从一家补习班跳到另一家补习班，美其名曰："在之前的补习班没什么起色，希望这里的老师能帮他打开干劲的开关……"可这是需要花时间慢慢引导的，不是变戏法，说变就变。也许是"干劲开关"这个词让父母产生了误会。其实开关就在孩子身上，所以父母的改变才是至关重要的一步。

为什么有些母亲会阻碍孩子按下干劲开关呢？症结在于孤独与情绪不稳定——所以我一贯认为，情绪稳定、笑口常开的母亲比什么都管用。

而这离不开他人的认可与陪伴。丈夫的倾听与陪伴当然是最理想的。实在有难度的话，也可以找妈妈圈子里的朋友倾诉，或者报个兴趣班、参加俱乐部、去健身房放松放松……用什么办法都行。哪怕是迷上某个明星，只要能让母亲保持愉悦的心情，那也是好的。

请大家牢记，母亲活力充沛、享受生活的状态，有助于激活孩子与生俱来的动力。

培养孩子的感知能力

在之前的章节中，我反复强调家长和孩子说话时要使用准确的说法。与此同时，家长有没有一颗懂得感知的心，也在很大程度上决定了孩子能否拥有一颗擅长感知的心。

比如在孩子感叹"这条鱼好大"的时候，希望家长们可以耐心地回一句："哇，真的好大哦！"

尤其是幼儿期的孩子，每天都有一连串的惊喜和发现，所以我希望各位家长可以耐心地与孩子共情，培养他们的感性。

师父上里老师告诉我，家长经常用语言表达自己的所思所感，有助于帮助孩子养成一颗擅长感知的心。

"樱花的花瓣就像一张粉红色的地毯！"

"天上的云朵看起来像棉花糖一样，好诱人哦。"

"叶子一天比一天红啦。"

"好清甜的空气呀！让我们一起做个深呼吸吧！"

只要把自己感受到的原原本本地说出来就可以了。年纪比较小的孩子也许会直接模仿大人说过的话。

听得多了，孩子就会在不知不觉中拥有一颗擅长感知的心。

用语言的形式，把自己感受到的美好的东西表达出来——要做到这一点，家长本人要足够感性，足够坦诚。从容的心态必不可少。

提升孩子的语言表达能力

在家庭对话中，除了准确地用词与具有较强的逻辑性，丰富的表现力也很重要。

说句不中听的话，如果家长本身的词汇量不够丰富，表达能力不够强，孩子就会输在起跑线上。学历的高低，到头来反映的其实是孩子在日常对话中所积累的学习能力。

以"美"这个形容词为例。一颗能够感受到"美"的心固然重要，但家长也可以见缝插针，教孩子一些比喻的手法，比如"红叶似火""仿佛心灵都得到了净化"。

以语言的形式传授知识是很重要的教育方法，例如："那片晚霞的颜色就叫'暗红色'。"

能以纷繁多样的方式表达同一件事，用词巧妙而有深

117

度，生动形象，视角独特……这类人的基础都是在家庭对话中打下的。

比如在写作文的时候，只有词汇量大的孩子才能发现自己连用了好几个"很开心"，进而产生这样的想法："翻来覆去用这个词也太没劲了，换一种说法吧。"否则他压根就注意不到这方面的问题，觉得"写成这样就行了"。

小朋友之间的对话确实能用"好看""糟糕""讨厌"这样的词语来完成，但"换一种说法"是一项非常重要的技能，而且只能在日常生活中培养。

对家长而言，这也是一项艰巨的考验。不过为了孩子的未来，还请大家抓住日常生活中的机会，帮助孩子提升语言表达能力。

调整跟孩子打交道的方式

常有家长找我咨询"怎么样才能让孩子集中注意力"。在日常工作中，我也痛感注意力就是拉开差距的关键所在。因为大体来说，注意力集中的孩子更有后劲。

正如第一章所说，培养注意力的理想方法是让幼儿期的孩子玩个痛快，尽情做自己想做的事情。等他们稍微长大一些，有过"专注"的经验（无论他练的是棒球、足球、游泳、绘画、围棋还是象棋），并且没有对学习丧失兴趣的孩子定能厚积薄发。

有些初三学生在退出社团后埋头学习，成绩立刻窜了上来。其实这种现象非常普遍。因为学习与体育运动的结果都取决于"注意力"。有些家长认为，有练体育的工夫，还不如多看几页书，这样才能笑到最后。殊不知，初三退出社团活动的学生能发挥出强大的专注力，奋起直追。

如果孩子有过度专注的倾向，家长一定要多加注意。顾名思义，所谓"过度专注"，就是注意力高度集中。

哪怕家长喊孩子吃饭，过度专注的孩子也听不见。喊了一遍又一遍，孩子却没有反应，家长就很容易烦躁，末了甚至会大吼一声："你要我说几遍啊？"直到这时，孩子才意识到大人在喊他。每次一回过神来，映入眼帘的就是家长怒气冲冲的脸。久而久之，孩子便会想："爸爸妈妈在家总是气鼓鼓的……"在这种状态下，亲子之间很容易闹矛盾。

对一个过度专注的孩子大喊大叫是没有用的。要跟孩子说话的时候，轻轻拍一下他的肩膀，引起他的注意就行了。如此一来，家长也不用抬高嗓门了。

孩子过度专注，说明他的注意力高度集中，连家长的声音都听不到。这样的孩子是很有天赋的，可谓前途无量。希望各位家长也能调整一下跟孩子打交道的方式。

培养孩子的专注能力

低年级是培养注意力的最佳时期。当然，从高年级开始也不晚，但最理想的还是在低年级时打好基础，帮孩子找到一样可以全身心投入的东西。这个东西可以是运动，也可以是画画、围棋、象棋之类的兴趣爱好。

根据我的经验，画家的孩子往往做事专注，后劲很足。这也许是因为他们见惯了家长专心画画的场景。画家恐怕是最能将自己专心致志的一面展现给孩子的职业了。从这个角度看，演奏家与作家的孩子也有异曲同工之妙。

总而言之，我们要帮孩子找到一些可以埋头钻研的东西。而实现这一目标的方法，就是家长以行动展示自己全情投入的模样。

我的父亲就是个围棋发烧友。在我很小的时候，只要电视台放围棋节目，父亲就会目不转睛地看，有时一言不发，有时沉吟一番，苦思冥想。可我对这种节目不感兴趣，想看其他频道。但父亲在这个问题上特别强硬，从不让步。渐渐地，我就生出了这样的想法：大概围棋是真的很有意思，他爱看就让他看吧。既然这么有意思，那我也应该去学一学。

父母的实际行动比千百遍唠叨都管用。

妈妈大喊："就知道看电视！你要看到什么时候啊？"孩子却顶嘴道："凭什么说我啊，你不也爱看电视吗？"这样的例子比比皆是。

父母说得再好听也没用，没有实际行动就毫无说服力。其实成年人的世界也一样。嘴上说得天花乱坠又有何用，还是得一大早去公司，脚踏实地做出成绩来。只有这样才能赢得同事的信赖。

说话不管用的时候，不妨用"行动"示范，以身作则。

孩子字迹不那么工整也无妨

很多家长在为孩子的字迹歪歪扭扭、凌乱潦草而烦恼。希望孩子写得慢一点、工整一点的家长也不在少数。

当然，仔细书写、字迹工整确实是优点。但是"该写快的时候写得快"也是一项重要的技能，哪怕字迹不那么工整也无妨。

有些孩子习惯用非常工整的字迹照抄老师的板书，一字不漏。我把这种现象称为"照抄病"。他们误以为"把板书原封不动抄下来"就是"学会了"。到了高年级，板书的量会显著增加。为了防止孩子在这一时期患上"照抄病"，我们有必要帮孩子养成以恰当的速度书写的习惯。

要是家长反复叮嘱孩子"好好写字"，孩子就会把注意力放在"写字"这件事上，为了得到家长的表扬努力写出工整的字迹，却顾不上把老师讲课的内容理解吃透。一丝不苟的家长特别容易走入这样的误区。

被这样的家长反复叮嘱，孩子确实能把字写得端正工整。但他们只会照抄，而不会"只挑重要的记"。

他们确实能把笔记写得漂漂亮亮，但要不了多久就会被那些懂得把握要点、能准确捕捉到老师最想说的，并将其迅速记下的孩子超过。

一年级学生的家长尤其容易犯这个错误，一看孩子的笔记本便嚷嚷：

"你怎么把字写成这样了！慢慢写，写工整一点啊！"

天天被家长这么念叨，到了高年级就不知道该如何做笔记了。

书写速度只能在孩子做笔记的时候进行观察，所以家长很容易忽略这一点。

看到孩子的笔记时，做家长的难免想要点评两句。但是请大家牢记，除了字迹是否工整，书写速度也很重要。

第四章

高质量的陪伴，才能让孩子终身成长

做个笑口常开的母亲

如今，许多妈妈过着孤军奋战的日子，每天24小时都围着孩子转。由于丈夫很晚才回家，越是做事踏实认真的妈妈，就越是觉得自己肩负重担，必须尽最大努力把孩子照顾好。

问题是，孩子不会时刻如大人所愿。如果能时不时地找人诉诉苦就好了，奈何许多妈妈诉苦无门，孤立无援。

我在《孤母社会》（讲谈社）一书中详细分析了当代母亲的孤独。她们找不到一个可以说真心话的人，宛如汪洋孤岛，成天烦躁不安就是必然的结果。

在我看来，其实许多表现在孩子身上的问题起因于情绪不稳定的母亲。

当今社会充斥着各类育儿书籍和教育指南，"母亲就该

××"的信息泛滥成灾。但我更希望大家思考的是"怎么样才能让自己豁达开朗，笑口常开"。

大家不妨回忆一下：孩子第一次翻身的时候，迈出第一步的时候，你肯定品尝到了由衷的欣喜。无论前路多么坎坷，只要母亲笑口常开，孩子就能茁壮成长。

那么，怎样才能成为一个笑脸迎人、心态平和的母亲呢？

"做自己想做的事"，应该就是最好的方法。

这件事可以是工作，也可以是兴趣爱好。只要能动起来，日子就有了劲头。与其在封闭的家中与孩子独处，不如向外面的世界迈出一步，这样也有助于感觉到自己与他人的联系。

不要再守在家里全天候监视孩子了。培养"不仅仅专注于孩子"的平衡感，反而更有利于孩子的成长。

除了做自己想做的事，与社会保持联系，结交可以互倒苦水的朋友也有助于打造笑口常开的母亲。

要让每天全力拼搏的妈妈保持豁达的心态，"倾诉的对象"必不可少。如果能时不时地和圈子里的朋友聊一聊，发泄发泄，那就没问题了。

更为理想的是建立一个由三四个家庭组成的小圈子，平时经常走动，时不时结伴外出烧烤什么的。如果大家相处融洽，夫妻二人出门约会的时候可以请朋友代为照顾孩子，那就再好不过了。

如此一来，妈妈便能卸下重担，连面相都会呈现出明显的变化。她们将告别烦躁，变得光彩照人。

"一丝不苟的母亲"最危险。她们习惯了独自承担一切，哪怕快支撑不住了，也无法向他人求助，而是一味勉强自己，末了只能拿孩子撒气。这种倾向往往出现在高学历妈妈身上。这也算是一种"无法依赖他人"的病吧。

在我看来，我们需要重新学习如何依赖他人，充分认识到与他人的联系有多么重要。

各位妈妈，不要再孤军奋战了，多依赖别人一些吧。要想做到这一点，也许需要鼓起勇气走出去，但你也不必强迫自己这么做。

不愿意参加妈妈圈的午餐会与茶会，也可以视情况切换成自己感兴趣的活动。

只要交上一个能够真心信任的朋友，妈妈的表情就会焕然一新。关键在于鼓起勇气，迈出第一步。

相信自己的养育方式

市面上有无数育儿指南，上面写着"×岁开始要××"，"遇到××的时候要××"。但我要告诉大家，再权威的育儿教材和教育指南，都比不上各位妈妈的直觉——这可不是我随口乱说的。许多经典育儿读本都表达了这样一个中心思想：相信妈妈的直觉。

知子莫若母。

"他在逞强""他只是在耍无赖""这个毛病得让他改掉"……只有妈妈才能感知到这些。

要说对孩子的了解，再伟大的教育家、再疼爱孙辈的爷爷奶奶也比不上妈妈。

关于育儿和教育的书籍与资料何其多，本书也只是其中之一。大家当然可以参考前人的先进经验，但说到底还是四个字——相信自己。

　　请容我再强调一遍，世上没有绝对正确的养育方式。答案永远在母亲的直觉之中。母亲们完全可以再自信一点。

不要跟孩子抱怨配偶

"这么晚了，你爸还没回来。"

"你爸是个大骗子，说好要去迪士尼乐园的……"

妈妈有没有无意间当着孩子的面抱怨爸爸？如果你家有这种"轻视爸爸的文化"，那就要格外警惕了。

妈妈也许是无心的，可是孩子听多了，就不把爸爸放在眼里了。许多有家庭暴力问题的家庭都有这种文化，绝不是我危言耸听。

爸爸每天工作到很晚，在家里的存在感难免会弱一些。他们拼命赚钱养家，可工作越是努力，回家的时间就越晚，孩子也一点都感觉不到爸爸的付出。这是多么讽刺啊。

而妈妈却在爸爸外出工作期间塑造了一个软弱、没出息的父亲形象。其实很多爸爸并没有妈妈说的那么不堪。

为什么会这样？症结在于妈妈的情绪不稳定。

请各位妈妈高度重视这个问题。毫不夸张地说，这是一种病。

独自料理家务，照顾孩子，却得不到认可与慰劳，甚至连一句"挺好吃的"都听不到。丈夫（爸爸）摆出一副"我在外面挣钱养家，你做好家里的事情理所当然"的样子。久而久之，妈妈不沮丧烦躁才怪。

憋屈久了，抱怨几句也是人之常情。可要是跟孩子抱怨，就会造成无法挽回的后果。做事认真踏实，遇事习惯一个人扛的母亲往往更容易出现这种情况。

所以我们的首要任务是稳定母亲的心绪。正如我反复强调的那样，实在没法跟丈夫倾诉的话，就找圈子里的朋友、左邻右舍的熟人……什么人都行。总之要和家庭以外的人建立联系。

创造父子同乐的机会

　　"创造父子同乐的机会"是妈妈的重要职责之一。我们的目标是让孩子由衷感叹"爸爸真厉害!"。换句话说,就是通过打仗游戏等形式,让孩子亲眼看到挺过大风大浪的男人有多强大。

　　出现孩子不愿上学、"家里蹲"、家庭暴力等问题的家庭往往有一个共同点,那就是爸爸没有机会和孩子一起玩。这些爸爸也不知道该如何与孩子一起玩。

　　妈妈扮成怪兽追着孩子跑也没用,只有爸爸才能把怪兽演活。其实"是否全情投入自己扮演的角色"也取决于爸爸自己小时候有没有玩过这种游戏。

　　问题是,现在有很多爸爸压根就不会玩。因为他们在蝌蚪期当惯了妈妈的乖宝宝，没有调皮捣蛋的经验，没有在最关键的年龄段尽情玩耍。当他们成为父亲时，这个问题就会在孩子身上体现出来。"不会玩"就是如此危险。

花丸学习会有一个叫"亲子侦探团"的项目，旨在创造父子同乐的机会。例如，我们会发放照片和地图，让父子俩一起研究怎么样才能到达目的地。男人天生擅长看地图，所以每次搞完这个活动，我都能在孩子第二周交上来的作文里看到这样一句话："我从没见过这么酷的爸爸！"

时代不同了，也许我们现在确实需要刻意创造父子交流的机会。

曾经有一位爸爸向我请教，说他带孩子去大公园的时候都不知道该怎么玩。我告诉他：

"不用想得太复杂，孩子不到5岁的话，玩捉迷藏就够了。"

捉迷藏是各种游戏的基础。只要大人使劲盯着孩子，孩子就一定会有反应。和孩子打交道的时候，眼神是最关键的元素之一，光用"眼睛"也能玩出不少花样。

各位妈妈还可以创造机会（比如钓鱼、坐火车出游），让爸爸展示一下自己的拿手好戏，激发孩子由衷的赞叹。

警惕"妈妈化的爸爸"

缺乏雄性魅力的父亲似乎越来越多了，其中最具代表性的莫过于小时候没有尽情玩耍过的爸爸们。

在辅导孩子学习的时候，他们也很没耐心，孩子还没想出个所以然就急着插嘴，还越说越激动，最后大发脾气。这本是母亲（女性）特有的现象，所以我原来只需要叮嘱妈妈们就行了。

然而，最近有越来越多的爸爸因为高度关注下一代的教育而变得和妈妈一样暴躁易怒。我把这种现象称为"妈妈化的爸爸"。

换作以前，我还可以告诉家长："实在要辅导孩子做应用题的话，那就请爸爸出马吧。"但是在过去的十多年里，我切身感觉到了父亲们的变化。

他们会像妈妈一样，严厉诘问孩子。想当年，爸爸会在妈妈情绪用事的时候上前劝一劝，说："哎呀，没什么大不了的。"如今却有爸爸去学校投诉。也许这就是时代大环境的变化吧。

平时稳如泰山，陪孩子玩耍的时候孔武有力，发怒时骇人无比，吓得孩子瑟瑟发抖……男人曾一度和这样的印象联系在一起。但随着时代变迁，心思细腻、性格偏女性化的父亲日趋增加。

我并不是说父亲温柔和气、参与下一代的教育有什么不好，更不是信奉"男主外女主内"的老古板。

不过我还是认为，我们应该以身作则，向孩子们展示男性与女性应该扮演的角色。

让孩子看到一个"一如既往的家"

不如意事常八九，人生免不了挫折和失败。当孩子遇到困难的时候，父母又该摆出怎样的态度呢？

如第一章所述，当家长得知低年级的孩子受欺负时，应该认真听孩子倾诉，给他一个温暖的抱抱。家长要以无条件的亲情做好孩子的后盾，避免"家长介入导致孩子失去朋友"的情况。

而高年级的孩子不会把自己遇到的一切都告诉父母。所以家长要提前培养孩子的"心灵自愈力"，确保他们可以自行克服接连而至的障碍和压力。

记得我上五年级的时候，全班同学都喜欢嘲笑我，说我的脑袋太大。早上一进教室，大家就会高呼"大头鬼！"，连我心仪的女生都跟着动嘴了！那一幕骇人的光景至今历历在目。

被欺负的人越是扭扭捏捏，欺凌行为就越容易变本加厉。我那次也不例外。由于我表现出很难为情的样子，同学们的行为逐渐升级。

那时的我仿佛是在一片漆黑中苦苦挣扎，有时甚至会走到球磨川边，心想"还不如跳下去死了算了"。顺便说一下，一项问卷调查显示，孩子打消自杀念头的首要原因是"自杀对不起疼爱自己的父母"。当年的我也是如此。

我的母亲大概也察觉到了异样，毕竟她总说"你的心思都写在脸上"，搞不好在欺凌刚开始的那一天她就看出了端倪。她把我叫过去，盯着我的脸说：

"正伸，妈妈告诉你，只要你平平安安的，妈妈就心满意足了，知道吗？"

话音刚落，她便给了我一个大大的拥抱，然后便用一句"好啦，去吧"把我打发走了。可就是这样简简单单的一句话驱散了我心头的迷雾，让我豁然开朗。

"只要我还在这个家里，就能放一百个心"——这就是母亲的话语给我留下的印象。换句话说，维持常态，让孩子看到一个"一如既往的家"，才能最大程度地鼓舞他们。

找一位靠得住的"外部导师"

　　给孩子报兴趣班已成常态，不上兴趣班的孩子反而成了稀有物种。

　　"兴趣班太多，孩子岂不是就没时间放松了？被家长逼着学的孩子好可怜……"

　　想当年，持有这种观点的人不在少数。但是近年来，我切身感觉到，如果孩子很享受兴趣班的话，兴趣班就是必要的。

　　前些天，我带了一批孩子去雪国冬令营。在回程路上，我问他们都报了哪些兴趣班。结果每个人都报了七八个，把我吓得不轻。我不禁感叹："这么辛苦啊……"他们却七嘴八舌地告诉我，兴趣班的老师有多严格，犯了错误要吃多大的苦头，那神情别提有多生气勃勃了。

也许兴趣班已经不再是"被父母逼着上"的东西了。我能感觉到孩子们乐在其中，也找到了时而严格、时而温柔、时而风趣的"外部导师"。

只要孩子本人愿意学，也很努力的话，上兴趣班就没什么坏处。重要的不是"学什么"或者"报几个班"，而是"本人乐不乐意"，这需要家长仔细观察。

唯一让我遗憾的是，"兴趣班占用了傍晚的自由活动时间"。照理说，校园生活本该充满活力与乐趣，也是邂逅"好导师"的平台。奈何如今的学校难以满足孩子们的需求，所以他们才会将目光投向校园之外。

家长管头管脚、无微不至的状态只能持续到低年级。正如我反复强调的那样，从小学高年级开始，父母一定要及时放手，调整心态，告诉自己"孩子已经从小蝌蚪变成小青蛙了"。

小学四年级前后是独立意识开始萌芽的时期，这个阶段的孩子特别受不了父母频频插嘴。所以大家不妨找一位靠得住的"外部导师"（比如兴趣班、补习班的老师），让导师在孩子需要批评的时候给予批评。

用行动引导孩子多看书

"我想让孩子养成爱看书的习惯，可是……"

"我家那孩子一点儿都不喜欢看书！"

常有家长诉说这方面的烦恼。

其实，如果家长本身就爱看书，时常向孩子展示他们专心阅读的模样，孩子自然而然就会爱上书本。所以鼓励孩子阅读的最佳方法，就是父母拿起书本，用行动进行引导。

二年级学生小O的母亲在这方面做得尤其出色。在走廊里等候参加家长会的时候，这位妈妈一坐下来便从包里拿出一本书翻看起来，一副迫不及待要看书的样子。一旁的小O也效仿妈妈，拿出包里的书本看了起来。

母女俩都是爱书人，看得格外专注。那一幕让我不由得感叹，难怪小O的阅读理解能力那么强。

家长的举手投足都被孩子看在眼里，记在心里。看到大人利用家务的间隙看书，他们就会自然而然养成阅读的习惯。

如果家里实在没有看书的习惯，也不用太过着急。

阅读习惯是逼不出来的。强迫孩子看书，只会让他们更讨厌书本。我上小学的时候就没看过几本书。进入青春期后才认识到了阅读的乐趣。

在青春期遇到一本有助于解决烦恼的书，就此爱上阅读——这是男孩养成阅读习惯的常见模式。

这一时期的男孩已经想和父母保持一定的距离了。社团活动、学习、爱情、两性关系……处处都是烦恼，却又不能求助于家长。而这些问题的答案往往可以在书中找到。如果孩子能在这个时候遇到一本好书，就会变成一个爱书人。

所以家长大可不必在小学阶段强迫孩子看书，还不如展示自己沉浸于阅读的模样，如实讲述自己的阅读体验和书本带来的感动。

身教胜于言传

在引导孩子的时候，行动比话语更有说服力。如前所述，要想让孩子养成阅读习惯，与其反复唠叨"多看书"，还不如展示自己热衷阅读的模样。

我在第三章提过的"查字典"也符合这一规律。孩子碰到不懂的单词时，肯定会问家长："这是什么意思啊？"

家长是因为手头有事在忙，便撂下一句"自己查去"，都没瞧孩子一眼，还是说"这个发现很有意思，我们一起查一查吧"，然后陪孩子一起查字典？你的选择，会对孩子产生巨大的影响。

孩子无时无刻不在观察父母的一举一动。没有实际行动，你说多少遍"遇到不懂的单词就去查字典！"也没用。

146

家长表现出热爱学习的态度，也比嚷嚷"快去学习"有效得多。

　　我的母亲是一名护士。她初中一毕业就上了卫校，婚后一边照顾我们三姐弟，一边自学拿下了高中文凭。她从没对我说过"给我好好学习！"这样的话，但她的学习态度对我产生了深远的影响。

　　干劲不是逼出来的。

　　"把不懂的东西搞懂多有意思啊！"

　　"想要掌握更多的知识！"

　　"查明白了，心里就痛快了！"

　　——如果父母时刻表现出这样的态度，孩子自会认真学习，根本不需要唠叨。

　　每个孩子都对未知抱有无限的好奇，总想挑战新事物。

　　作为和孩子最亲密的人，家长要表现出渴望知识、勤奋好学的一面，充分激发孩子的潜能。

让孩子在家长的视线范围内学习

我一贯认为，家长应该让孩子在自己的视线范围内学习、做功课。

不知大家有没有听说过，有调查结果显示"在茶几、餐桌旁学习的孩子进步快"。考上名校的孩子也大多在父母看得到的地方学习。

孩子有属于自己的房间当然好，但让他们从小在小房间里学习似乎很容易出问题。

因为孩子一进小房间，家长就看不到他们的学习状态了。遇到不懂的地方，也没法立刻向大人求助。

家长以为孩子在房间里安安心心做功课，殊不知他们正沉浸在漫画与游戏之中。

我们花丸学习会非常重视孩子的坐姿和握笔姿势，会反复指导纠正。可要是离孩子太远，大人就很难注意到他们的问题，也就无法及时提醒了。

给小学生准备专用的书房往往收效甚微，因为他们大多不会老老实实上书桌学习。我上小学的时候，家里也给我买了书桌，可我压根没用它做过功课。

当孩子感受到父母的存在时，他们就会很安心，但我并不是让大家往孩子旁边一坐，盯着他们做功课。看到父母在厨房里做饭的模样，孩子就有动力投入学习了。

"家"应该是让孩子安心的地方。只有保障了最基本的安全感，孩子才会有动力去做某件事。

父亲应该如何参与子女的教育

父亲应该如何参与子女的教育呢?

专为爸爸量身定做的特殊方法倒是没有,不过在幼儿期之前,爸爸们可以自己编一些故事讲给孩子听。

因为爸爸构思的故事相对幽默,总是天马行空,充满乐趣。男孩特别喜欢听以自己为主角的荒唐故事("你冲进去啦!""你摔了一跤,裤子都掉喽!"),而这应该是父亲的强项。

等孩子稍大一些了,会耍无赖了("打死我都不练字!"),妈妈拿他没办法的时候,就该爸爸出场了。只有父亲才能释放出骇人的威慑力,吼上一句"你就是那个不肯练字的臭小子吧!",让孩子产生小命危在旦夕的错觉。

我在第三章强调过"用词的准确性"与"逻辑"的重要性，希望各位爸爸能以男性独有的视角指出孩子的问题。

　　男人说话的逻辑相对缜密，用词准确。我们当然要把爸爸的这一特性充分利用起来。

　　指出孩子的问题时，请爸爸发挥一下男人特有的"死脑筋"，明确告诉孩子"这个词不该这么用"或"我问的是A，不是B"，帮助孩子养成正确的用词习惯。

　　妈妈常会因为"孩子说话时的小动作很可爱"就放过他们的小错误，或是过于体贴，下意识去揣摩孩子想要表达的意思。如果爸爸能发挥出男人特有的固执与较真劲儿，及时指出问题，就能实现绝妙的平衡。

夫妻合力，解决孩子的烦恼

学习、性格、和兄弟姐妹的关系、与朋友之间的来往……每个孩子都有数不尽的烦恼。妈妈当然可以跟孩子多沟通，也可以咨询老师和相熟的朋友。但最好的方法莫过于和丈夫一起商量对策。

正如我反复强调的那样，蝌蚪期的大部分问题都可以通过夫妻二人的紧密配合顺利解决。

奈何男人很难把妻子说的话听进去，左耳进右耳出才是常态。妈妈找爸爸商量孩子的事情，爸爸却一边看电视一边吃饭，随声附和几句："哦，那是得想想办法。"这样可不行！长此以往，到头来受苦的总是孩子。

孩子的成绩没有起色、不擅长体育运动、跟同学相处不好、暴躁易怒……这些问题都不可怕，只要夫妻紧密配合，孩子就能脱胎换骨。这样的例子我见过太多了。

夫妻间很少交流、丈夫总是很晚回家，忙得没空搭理自己……妈妈们肯定有这样那样的不满，但一切都是为了孩子。希望大家鼓起勇气跟丈夫沟通，不要逃避眼前的问题。

如果妈妈在孩子睡下之后关掉电视，表示"我想和你谈谈孩子的事情"，大多数爸爸都是愿意出力的。要是爸爸仍然不愿沟通，那就得先解决夫妻关系层面的问题了。

现如今，许多夫妻都陷入了"难以跟对方沟通"的状态。我也会举办面向父亲的讲座，每次谈到这个问题，台下都有父亲低头不语，一看就知道我说到了他们的心坎里。其实爸爸们也很想为孩子做点什么。

一切都是为了孩子的未来。有些问题只要处理及时就不难解决，可要是爸爸一拖再拖，以忙碌为由敷衍了事，后果则不堪设想。特别是低年级阶段的问题，只要夫妻双方通力合作，就不怕想不出应对之法。

丈夫要耐心倾听妻子的诉说

在这一章的开头，我与大家探讨了母亲缘何烦躁沮丧，并指出原因在于无处倾诉。在圈子里结交几个朋友、参加社团都是不错的办法，但妈妈最好的倾诉对象是爸爸。

男人天生不善于听女人说话。因为男人是讲究逻辑的生物，听女人滔滔不绝说完一通之后，他们的第一反应往往是：

"你到底想说什么？"

其实女人并不是在寻求建议，只是想让你听她说两句罢了。

男人带着疲倦下班回家后总喜欢发呆，不用心听人说话，据说女性朋友对这一点意见最大。次数多了，她们便会想："跟他（丈夫）说也没用。"她们也知道丈夫在努力工作，情绪无处发泄，于是备感沮丧。

一旦情绪无处宣泄，孩子就要遭殃了。妈妈会找孩子抱怨，叹着气说："唉，你爸又忙到这么晚还不回来……"

请各位爸爸带着咨询思维（counseling mind）倾听妻子的诉说。关键在于重复她说的话，并表现出认可的姿态。这也不是什么难事。

"听说隔壁家的太太摔伤了腿。""哎哟，腿摔伤啦。"

只要有这么一句话，就能给妻子留下"你在听她说话"的印象，带来全然不同的感受。如果能做到"共情"，那就更完美了。

如果可以的话，最好时不时慰劳一下妻子。因为照顾子女是一项难以得到褒奖的工作，很容易产生"没人认可我"的感觉。

"辛苦啦""我知道你很努力""真不容易啊"——这样几句简单的话，就能让妻子感到自己的付出是值得的。

创造机会和孩子"一对一"亲密接触

坚持在职场打拼的妈妈也不在少数。

我一直高度关注所谓的"家庭胶囊"问题（父亲长期缺位，母亲在家孤军奋战）。调查结果显示，以一己之力苦苦支撑，深陷窘境的母亲多是家庭主妇。

我见证了许多妈妈在外出工作之后得到了认可与赞赏，整个人焕然一新的过程，也希望那些想要工作的妈妈鼓起勇气走出去。

常有妈妈担心工作会占用自己与孩子相处的时间，这其实是杞人忧天了。如果妈妈没有条件花大量的时间陪着孩子，就抽空和他们"一对一"亲密接触吧。特别是多子女家庭，创造机会和孩子"一对一"就是保障家庭和谐的诀窍。

哪怕只是睡前逐一拥抱每个孩子，也有立竿见影的效果。要是抱着哥哥的时候，弟弟闯了进来，妈妈一定要明确表示："这几分钟是属于哥哥的！"总之，中心思想是创造和孩子一对一的空间。提前排好"时间表"也是个好办法，比如"周六带姐姐出门买菜""周日陪弟弟散步"。

"接送孩子去补习班或兴趣班的途中"就是亲子一对一的好机会，而且这一项本就在大家的日程表上。

靠母亲的主观努力腾出时间往往会以失败告终。毕竟有心努力却拿不出实际行动是人的天性，拖着拖着就错失了良机。

排好时间表，建立一套固定的机制，才是行之有效的办法。

孩子们都盼着跟妈妈单独相处。因为在他们心目中，没有比妈妈更重要的人了。

对这个时期的孩子来说，妈妈就是他们最爱的人。这样的时光是多么宝贵啊。

只要能建立起与孩子一对一亲密接触的机制，时间短些也无妨，妈妈外出工作也坏不了事。大家完全可以昂首挺胸地投入工作。

如何激发孩子的学习欲

什么样的家庭环境能激发孩子的学习欲呢？

如前所述，孩子天生具有学习的动力。因此，我们要探讨的其实是"怎样的家庭环境不会妨碍孩子的积极性"。

用词与对话丰富多彩，父母有自己钟爱的事业，为之潜心钻研……在我看来，这样的家庭更能激发出孩子的动力。

父母的爱好可以是围棋，也可以是阅读，喜欢什么都行，关键是让孩子看到你有一样喜欢的东西，并且为了它钻研资料、写写画画。父母以行动展示自己的专注，比流于表面的叮嘱更有用。

我坚信，只要一个人的生活态度大体上是乐观积极的，他就一定有想做的事。所以家长首先要对生活抱有积极向上的态度。看到大人活力十足、享受生活，孩子做什么事都不会缺乏动力。

早上一睁眼便想"我今天该干点什么好呢"才是孩子的天性。要是母亲没完没了地纠结一些自己已经无力改变的事情（"都怪我当年嫁错了人，才会把日子过成这样"），或是翻来覆去地为同一件事烦恼，孩子怎么可能开心得起来呢？过去的事情就让它过去吧，船到桥头自然直，总能从头来过的——这样的心态必不可少。

其实我最想告诉孩子的就是"开开心心享受每一天，人生充满了乐趣"。我现在从事的工作就是围绕这一主题展开的，我想告诉大家"工作是很有意思的"。看到大人享受工作的模样，孩子肯定会盼着快快长大。

工作就该是快乐的，否则还有什么意义呢？我很庆幸自己找到了一份充满乐趣的工作。

如果你只是在贱卖自己的时间，心不甘情不愿地工作，人生就会越来越痛苦。所以归根结底，孩子的积极性与家长的生活态度密切相关。

后　记

　　去鹿儿岛县办讲座时，我顺便参观了一家博物馆。博物馆展出了一个儿子在即将启程时给母亲写了一封信。那封信有着惊人的感染力，看得我当场落泪。

　　　妈妈　　妈妈

　　　我要出发了

　　　只要我轻唤一声

　　　母亲定会翻山越岭 穿过滚滚白云赶来

　　　母亲是那样美好

　　　没有比母亲更可贵的了

　　　母亲！母亲！

看到这里，也许会有读者犯嘀咕："为人父母的压力好大""我做不了那么伟大的妈妈"……

但大家不必担心。人无完人，是人都会犯错，都会掌握不好火候。大家只要活出自己的样子，在力所能及的范围内关爱孩子就行了。

父母是孩子的最爱，这一点亘古不变。孩子愿意为心爱的父母竭尽全力。

希望大家不要勉强自己，用自己的方式和坦诚的爱去浇灌孩子吧。这才是孩子最需要的。反过来说，只要能做到这一点，哪怕遭遇些许波澜，孩子也不会被打倒。这是我在教育第一线耕耘数十载的亲身体验。

最后，感谢樋口由夏女士和青春出版社Prime涌光的野岛纯子女士将我的讲座与访谈整理成稿，再交由我修改。没有二位的鼎力相助，本书就不可能与大家见面。请允许我趁此机会致以最诚挚的谢意。

高滨正伸

在喧嚣的世界里，
坚持以匠人心态认认真真打磨每一本书，
坚持为读者提供
有用、有趣、有品位、有价值的阅读。
愿我们在阅读中相知相遇，在阅读中成长蜕变！

好读，只为优质阅读。

如何陪孩子终身成长

策　　划：好读文化　　　　装帧设计：陈绮清

监　　制：姚常伟　　　　　内文制作：尚春苓

产品经理：姜晴川　　　　　责任编辑：李艳芬

特约编辑：侯季初

图书在版编目（CIP）数据

如何陪孩子终身成长 /（日）高滨正伸著；曹逸冰
译. —北京：北京联合出版公司，2022.5（2024.12重印）
ISBN 978-7-5596-5807-4

Ⅰ.①如… Ⅱ.①高… ②曹… Ⅲ.①儿童教育—家
庭教育Ⅳ.①G782

中国版本图书馆CIP数据核字（2021）第271641号

NOBITZUKERUKO GA SODATSU OKASAN NO SHUKAN
by Masanobu Takahama
Copyright(C) Masanobu Takahama
All rights reserved.
Originally published in Japan by SEISHUN PUBLISHING CO., LTD., Tokyo.
Simplified Chinese translation rights arranged with
SEISHUN PUBLISHING CO., LTD., Japan.
through The English Agency (Japan) Ltd. and Eric Yang Agency,Inc.

如何陪孩子终身成长

作　　者：[日]高滨正伸
译　　者：曹逸冰
出 品 人：赵红仕
责任编辑：李艳芬

北京联合出版公司出版
（北京市西城区德外大街83号楼9层　100088）
北京联合天畅文化传播公司发行
北京美图印务有限公司印刷　新华书店经销
字数93千字　787毫米×1092毫米　1 / 32　6印张
2022年5月第1版　2024年12月第4次印刷
ISBN 978-7-5596-5807-4
定价：39.80元